kompletná kniha vákuových receptov

100 chutných, jednoduchých a lacných vákuovo balených receptov, ktoré si môžete pripraviť každý deň doma

Klára Slobodová

© Copyright 2022
- Všetky práva vyhradené.

Nasledujúca kniha je reprodukovaná nižšie s cieľom poskytnúť informácie, ktoré sú čo najpresnejšie a najspoľahlivejšie. Bez ohľadu na to, zakúpenie tejto knihy môže byť vnímané ako súhlas so skutočnosťou, že vydavateľ ani autor tejto knihy nie sú v žiadnom prípade odborníkmi na témy, o ktorých sa hovorí, a že akékoľvek odporúčania alebo návrhy, ktoré sú v nej uvedené, slúžia len na zábavné účely. Pred vykonaním akejkoľvek z akcií schválených v tomto dokumente by ste sa mali podľa potreby poradiť s odborníkmi.

Toto vyhlásenie považuje Americká advokátska komora aj Výbor vydavateľov za spravodlivé a platné a je právne záväzné v celých Spojených štátoch.

Okrem toho prenos, rozmnožovanie alebo rozmnožovanie ktoréhokoľvek z nasledujúcich diel vrátane konkrétnych informácií sa bude považovať za nezákonný čin bez ohľadu na to, či sa uskutoční elektronicky alebo v tlačenej podobe. Toto sa vzťahuje aj na vytvorenie sekundárnej alebo terciárnej kópie diela alebo zaznamenanej kópie a je povolené len s výslovným písomným súhlasom vydavateľa. Všetky dodatočné práva vyhradené.

Informácie na nasledujúcich stránkach sa vo všeobecnosti považujú za pravdivé a presné opisy faktov a ako také, akákoľvek nepozornosť, použitie alebo zneužitie predmetných informácií čitateľom spôsobí, že akékoľvek následné konanie bude výlučne v jeho kompetencii. Neexistujú žiadne scenáre, v ktorých by vydavateľ alebo pôvodný autor tohto diela mohol byť akýmkoľvek spôsobom považovaný za zodpovedného za akékoľvek ťažkosti alebo škody, ktoré ich môžu postihnúť po vykonaní informácií opísaných v tomto dokumente.

Okrem toho, informácie na nasledujúcich stránkach sú určené len na informačné účely, a preto by sa mali považovať za univerzálne. V súlade s jeho povahou sa predkladá bez uistenia o jeho predĺženej platnosti alebo dočasnej kvalite. Ochranné známky, ktoré sú uvedené, sa robia bez písomného súhlasu a v žiadnom prípade ich nemožno považovať za

Sommario

ÚVOD 7

- OPEČENÉ ZROLUJTE V SLANINOVEJ SIEŤKE 9
- KURACIE PRSIA V HORČICOVO-BYLINKOVOM 11
- JAHŇACIE SOUS-VIDE – BEZ OPEKANIA 13
- PULPO V CHORIZO MASLE 14
- ŠPENÁTOVÁ PREPELICA 16
- MORČACIE PRSIA REZANÉ V PAPRIKOVOM PLÁŠTI 18
- LOSOS S KAPARAMI NA ŠALÁTE 20
- KAČACIE PRSIA 21
- PEČENÉ ONSEN VAJÍČKO NA ŠPENÁTE 23
- KURACIE ROLKY SO STRÚHANKOU 25
- BUTA NO KAKUNI 26
- HUBY Z KURACIEHO STEHNA 28
- CVIKLOVÉ CARPACCIO S ORIENTÁLNOU KAČICOU 30
- DOKONALÝ FILET Z HOVÄDZIEHO MÄSA 33
- PULPO ŠALÁT SO SALICORNES 34
- BRAVČOVÁ PANENKA 37
- TEĽACIA ROLÁDA S PARADAJKOVÝM RAGÚ 39
- ENTRECOTE S GRATINOVANÝMI ZEMIAKMI 41
- OVOCNÝ ŠALÁT SO ZABAIONE 43
- SOUS VIDE MRKVA 46
- CHRUMKAVÉ KURACIE PRSIA SO ŠALÁTOM 48
- HOVÄDZIE FILÉ NA ZEMIAKOVEJ KAŠI 51
- HOLANDSKÁ OMÁČKA 53
- ŤAHANÉ BRAVČOVÉ - VARENÉ SOUS VIDE 55
- LOSOS S MRKVOU A HRÁŠKOVOU KAŠOU 57
- ZELENÁ ŠPARGĽA 59
- POŠÍROVANÉ VAJÍČKO S PALACINKAMI 60
- ŠPARGĽA SOUS VIDE 62
- SOUS-VIDE NÁHRADNÉ REBRÁ 64
- SOUS VIDE MRKVOVÉ TYČINKY 66

- Bravčové filé zo sous vide 67
- Zemiaková kaša sous vide 68
- Tekvica Hokkaido sous vide 70
- Bravčové medailóniky zo sous vide 72
- Losos sous vide 73
- Kačacie prsia v pomarančovej omáčke 74
- Jablkové millefeuille s bobuľovou omáčkou 76
- Jablkový millefeuille s penou 78
- Sous vide losos s kôprom 80
- Hovädzia roláda s cibuľovou omáčkou 82
- Mojito infúzne sous vide 84
- Sous vide sviečková 85
- Sous vide romanesco brokolica 88
- Vegetariánske zelerové hamburgery 89
- Infúzny ananás 91
- Teľacie líčka s kapustou 92
- Tournedos Rossini 94
- Vrúbkovaný gratin 96
- Kuracie mäso s brokolicovou syrovou omáčkou 97
- Zemiaková kaša pri 72 stupňoch 99

ZÁVER 101

ÚVOD .... ERROR! BOOKMARK NOT DEFINED.

8. Sous vide rump steak .... Error! Bookmark not defined.
9. Hovädzie pečené sous vide 102
10. Filé z bizóna s fazuľou 103
11. Sous vide filet z lososa 105
12. Hovädzie vysoké rebro - sous vide varené 106
13. Bravčové filé s estragónovým krémom 107
14. Treska-sous-vide 109
15. Bravčový bôčik varený sous-vide 110
16. Kačacia roláda sous-vide 112

17.	Bravčové sedlo sous vide	114
18.	Jahňacie stehno varené sous vide	115
19.	Obmedzené kačacie stehná sous-vide	117
20.	Špargľa s červeným kari	118
21.	Varené filé	120
22.	Vanilkové kura s medovou mrkvou	122
23.	Sous vide hovädzí steak s červeným vínom	123
24.	Losos sous vide varený	125
25.	Bravčový bôčik sous vide	126
26.	Celé hovädzie filé po sous vide	128
27.	Rump steak à la s ciabattou	130
28.	Kuracie stehno sous vide	132
29.	Sous-vide kamzíčia noha	133
30.	Nesprávny filet sous vide varený	135
31.	Hovädzia sviečkovica varená sous vide	136
32.	Zemiaky s fermentovaným yuzu	137
33.	Biela špargľa sous vide	139
34.	Prsia z divej husi sous vide	140
35.	Králik sous-vide	141
36.	Jahňacie stehno sous vide	143
37.	Filety z krokodíla sous-vide	144
38.	Losos so smotanovým syrom	146
39.	Husacie stehno sous vide	147
40.	Husacie prsia sous vide	149
41.	Hovädzia pečienka suchá odležaná, sous vide	150
42.	Pstruh lososový na záhone zeleninovej	151
43.	Králičí chrbát a nohy s pažbou	153
44.	Grécky šalát sous vide	156
45.	Hovädzie na spôsob picanha sous-vide	157
46.	Ťahané bravčové sous vide na ázijský spôsob	159
47.	Vajcia sous-vide	162
48.	Jahňacie stehno sous vide	164
49.	Papriková zelenina sous vide	165
50.	Fenikel šafranový sous vide	166
51.	Hovädzia pečienka s orechovou krustou	167

52. HOVÄDZIE FILÉ BEZ OPEKANIA	169
53. STEAK Z TUNIAKA NA KOKOSOVOM ŠPENÁTE	170
54. KAČACIE PRSIA À L'POMARANČ	172
55. JAHŇACIE SEDLO S VÝPEKOM ZO ZEMIAKOV	174
56. JAHŇACIE JAHŇACIE	176

ZÁVER **178**

ÚVOD

Sous vide (francúzsky), tiež známy ako dlhodobé varenie pri nízkej teplote, je spôsob varenia, pri ktorom sa jedlo vloží do plastového vrecka alebo sklenenej nádoby a varí sa vo vodnom kúpeli dlhšie ako zvyčajne (zvyčajne 1 až 7 hodín). , v niektorých prípadoch až 72 a viac hodín) pri presne regulovanej teplote.

Varenie Sous vide sa väčšinou vykonáva pomocou tepelne ponorných obehových strojov. Teplota je oveľa nižšia, ako sa zvyčajne používa na varenie, zvyčajne okolo 55 až 60 °C (130 až 140 °F) pre červené mäso, 66 až 71 °C (150 až 160 °F) pre hydinu a vyššia pre zeleninu. Zámerom je uvariť pokrm rovnomerne, aby sa zabezpečilo, že vnútro je správne uvarené, bez toho, aby sa prevarilo vonkajšok, a aby sa zachovala vlhkosť. Varenie Sous vide je oveľa jednoduchšie, ako si myslíte, a zvyčajne zahŕňa tri jednoduché kroky:

- Pripojte svoj precízny varič na hrniec s vodou a nastavte čas a teplotu podľa želanej úrovne pripravenosti.
- Vložte jedlo do uzatvárateľného vrecka a pripevnite ho na stranu hrnca.
- Dokončite opekaním, grilovaním alebo grilovaním, aby ste pridali chrumkavú zlatistú vonkajšiu vrstvu.

S presnou reguláciou teploty v kuchyni poskytuje sous vide nasledujúce výhody:

- Dôslednosť. Keďže jedlo varíte pri presnej teplote a presne stanovený čas, môžete očakávať veľmi konzistentné výsledky.

- Ochutnajte. Jedlo sa varí v šťave. To zaisťuje, že jedlo je vlhké, šťavnaté a jemné.
- Zníženie odpadu. Tradične pripravované potraviny vysychajú a vznikajú odpad. Napríklad tradične prepečený steak stratí v priemere až 40 % objemu vyschnutím. Steak prepečený precíznym varením nestráca nič zo svojho objemu.
- Flexibilita. Tradičné varenie môže vyžadovať vašu neustálu pozornosť. Precízne varenie privedie jedlo na presnú teplotu a udrží ju. Nemusíte sa obávať prepečenia.

- **Opečieme v sieťke slaniny**

Ingrediencie na 10 porcií

- 4 kg bravčového karé
- 2 balenia smotanového syra (smotanový syrový veniec)
- Pepper
- 2 Cibuľa
- 6 polievkových lyžíc. Rub (paprika rub) alebo korenie podľa vlastného výberu
- 500 g slaniny, nakrájanej na plátky, čím je trochu hrubšia
- 200 g syra Cheddar v jednom kuse
- 250 g mletého hovädzieho mäsa
- 250 ml grilovacia omáčka

Príprava

Celkový čas cca. 2 dni 1 hodina 30 minút

Budete potrebovať kuchynský špagát na viazanie, sous vide varič a vákuovačku vrátane tesniacej fólie.

Bravčového lososa nakrájajte motýľovým rezom tak, aby vznikol pekný veľký, plochý plátok mäsa (priblížiť tento krok by presahovalo rámec. Na internete je množstvo videí, kde je to veľmi pekne popísané. Naozaj nie raketová veda). Ak je to potrebné, znova naklepte zmäkčovačom mäsa alebo hrncom ako rezeň.

Medzitým si nakrájame cibuľu na prúžky alebo kolieska a dáme do misy. Pridajte dve polievkové lyžice zmesi korenia a dôkladne premiešajte, kým cibuľa nestratí svoju tuhú štruktúru. Zvyšné potretie rozotrieme na povrch mäsa. Celý tvarohový krém natrieme na povrch mäsa a uhladíme. Z obalu vyberte približne 18 prúžkov slaniny a rozložte ich vedľa seba na tvarohový krém. Ochutenú cibuľu rozložíme po celom povrchu. Odrežte cca. 2,5 - 3 cm široké, predĺžené pásiky z bloku syra. Tú položte na jednu z dvoch dlhších strán na okraj povrchu mäsa. Povrch mäsa, počnúc syrom čedar, pevne a s miernym tlakom zrolujte do klobásy. Pečeň asi na 4 miestach previažeme kuchynským špagátom, aby sa nerozpadla.

Vložte pečienku do uzatváracieho vrecka a povysávajte. Varte približne 24 hodín v kúpeli sous vide pri teplote 60 °C.

Na druhý deň zo zvyšku slaniny vyložte sieťku zo slaniny (aj tu platí môj tip s internetovým videom). Roľte v ňom pečienku. Konce utesníme mletým mäsom ochuteným poterom, aby tavený syr nemohol vytiecť. Potrieme barbecue omáčkou.

Vyprážame v rúre predhriatej na 150 °C na rošte strednej koľajnice. Odporúčame pod mriežku zasunúť plech na pečenie, aby sa zachytila kvapkajúca omáčka a tuk. Asi po 30 minútach pečienku opäť glazujeme. Po ďalších 30 minútach sa omáčka vysuší do lesklej farby a pečienka je hotová.

Posledný krok je možné vykonať aj nepriamym ohrevom na drevenom uhlí alebo plynovom grile. Sám som to urobil a medzitým som vyúdil pečienku. Takmer rovnako chutný je však aj variant s rúrou.

- **Kuracie prsia v horčicovo-bylinkovom**

Ingrediencie na 4 porcie
Na mäso:
- 2 veľké kuracie prsia bez kože
- 1 strúčiky cesnaku
- 1 rozmarín
- 3 bobkové listy
- 25 g masla
- Morská soľ a korenie

Na omáčku:
- 25 g masla
- 1 malá cibuľa
- 1 malý strúčik cesnaku
- 2 polievkové lyžice. Múka
- 50 ml Biele víno, suchšie
- 250 ml kuracieho vývaru
- 5 šafranových nití
- 200 ml krému

- Bylinky, zmiešané, podľa vlastného výberu
- 1 lyžička horčice
- Potravinový škrob
- Cukor
- Citrónová šťava
- Soľ a korenie
- 2 disk Gouda, stredovek

Príprava

Celkový čas cca. 1 hodina 23 minút

Predhrejte Sous Vide kúpeľ na 65 °C.

Kuracie prsia pozdĺžne rozpolíme tak, aby vznikli dva malé rezne. Soľ, korenie a vložte do sous vide vrecka. Cesnak ošúpeme a nakrájame. Natrieme spolu s rozmarínom, bobkovými listami a maslom na mäso. Všetko povysávajte a 30 min. Varte vo vodnom kúpeli.

Maslo roztopíme a nadrobno nakrájanú cibuľu a cesnak opražíme dosklovita. Poprášime múkou a zalejeme bielym vínom a vývarom. Pridajte šafran a všetko asi 15 min. dusíme na miernom ohni. Vyberte mäso zo Sous Vide kúpeľa a vrecka a vložte do zapekacej misy.

Do omáčky pridáme smotanu, bylinky a horčicu. Vývar z vrecka prelejeme cez jemné sitko na vlasy do omáčky, podľa potreby previažeme škrobom a dochutíme soľou, korením, cukrom a citrónovou šťavou. Ak chcete, môžete bylinky pridať až úplne na záver a omáčku predtým krátko prevariť.

Mäso polejeme trochou omáčky, nemalo by byť úplne zakryté a zakryté polovicou plátku syra asi 7 - 8 min. varte na plnom ohni.

Zvyšnú omáčku podávajte navyše.

Hodí sa k ryži a šalátu, ale aj k zemiakom či cestovinám.

- **Jahňacie sous-vide - bez opekania**

Ingrediencie na 4 porcie
- 4 jahňacie boky, každé 180 g
- 3 polievkové lyžice. bylinky z Provence
- 2 polievkové lyžice. olivový olej

Príprava

Celkový čas cca. 2 hodiny 10 minút

Predhrejte rúru vhodnú na sous vide na 54 °C.

Najprv otočte jahňacie boky v bylinkách, potom vložte olej do vrecka vhodného na sous vide a vákuujte. Mäso by malo mať izbovú teplotu.

Necháme variť vo vodnom kúpeli 2 hodiny.

Tip: Poteší aj za studena.

- **Pulpo v chorizo masle**

Ingrediencie na 4 porcie
- 400 g Chobotnice, (pulpo), pripravená na varenie
- 1 strúčiky cesnaku na veľké plátky
- 1 Bobkový list
- 50 ml Červené víno, suché
- 2 polievkové lyžice. olivový olej
- 1 veľká paprika, červená
- 200 g cherry paradajok, rozpolených
- 100 g masla
- 100 g chorizo na tenké plátky
- 1 strúčik cesnaku nakrájaný nadrobno
- Údená soľ
- Chilli prášok
- Morská soľ
- Olej

Príprava

Celkový čas cca. 2 hodiny 20 minút

Papriky pečieme v rúre vyhriatej na 200 °C, kým šupka nesčernie a nedá sa ľahko odstrániť. Ošúpané a vykôstkované papriky nahrubo nakrájame a rúru nastavíme na 150 °C. Cherry paradajky rozpolíme, reznou plochou položíme na dobre vymastený plech, posypeme morskou soľou a vložíme do rúry.

Dužinu spolu s plátkami cesnaku, bobkovým listom, červeným vínom a olivovým olejom povysávajte a vložte do vodného kúpeľa zohriateho na 72 °C (kúpeľ sous-vide). Dužina aj paradajky trvajú približne 1,5 hodiny.

Krátko pred koncom varenia rozpustite maslo na nie príliš horúcej panvici a zľahka opečte plátky choriza a kocky cesnaku. Pridáme mletú papriku, paprikové kocky a cherry paradajky, opatrne premiešame a dochutíme údenou soľou a čili práškom, potom odstavíme z ohňa.

Vyberte dužinu z nálevu, osušte, nakrájajte na plátky hrubé asi 5 mm a pridajte do masla chorizo.

Vhodné : čerstvá bageta, rozmarínové pečené zemiaky, ravioli plnené slaninou a ricottou.

Keďže dužina zvyčajne váži oveľa viac ako 400 g, v sous-vide kúpeli je možné uvariť niekoľko porcií naraz, nechať aspoň 10 minút vychladnúť v ľadovej vode a potom rýchlo zmraziť. V prípade potreby regenerujte v 70°C horúcom kúpeli.

- **Špenátová prepelica**

Suroviny na 1 porciu
- 1 Prepelica
- 1 Filet z kuracích pŕs
- 50 g Špenát, blanšírovaný
- 150 ml krému
- 100 g kyslej kapusty
- 20 g mrkvy, nakrájanej nadrobno
- 20 g cukrovej drene
- 10 g chrenu, čerstvého
- 4 malé Zemiaky uvaríme múčne, už uvarené
- Bylinky podľa chuti
- Soľ a korenie
- Prepustené maslo
Príprava

Celkový čas cca. 2 hodiny

Kuracie prsia nakrájame na kúsky a premiešame so špenátom. Frašku dochutíme soľou a korením.

Prepeličie mäso oddelíme od kosti a jemne osolíme. Rozložte prsia na vákuový obal. Navrch rozložíme špenátovú frašku a všetko prikryjeme prepeličími stehienkami. Zabaľte do fólie a sformujte do rolky. Teraz rolku povysávajte a vložte do vodného kúpeľa s teplotou 58 °C. Nechajte lúhovať asi 1 hodinu.

Medzitým si zohrejeme čerstvú kyslú kapustu so smotanou, pridáme obielenú a na kocky nakrájanú mrkvu, cukrový hrášok a uvarené zemiaky. Všetko krátko povaríme a potom dochutíme chrenom.

Odstráňte fóliu z prepeličej rolky. Roládu s bylinkami dookola krátko opečieme.

Nakrájajte na plátky a podávajte.

- **Morčacie prsia rezané v paprikovom plášti**

Ingrediencie na 4 porcie
- 1 kg morčacích pŕs
- 6 polievkových lyžíc. paprikový steak
- 2 polievkové lyžice. surový trstinový cukor

Príprava

Celkový čas cca. 6 hodín

Zmiešajte steakovú papriku a surový cukor. V zmesi otočte morčacie prsia a dobre zatlačte. Vysajte všetko do jedného vrecka. Predhrejte sous-vide zariadenie na 80 stupňov. Vložte vrecko do vodného kúpeľa na cca. 4 hodiny.

Vyberieme a necháme vychladnúť vo vrecúšku. Keď sú morčacie prsia studené, osušíme ich, nakrájame na tenké plátky (údeniny).

Hodí sa k špargli.

- **Losos s kaparami na šaláte**

Ingrediencie na 2 porcie

- 300 g Filet z lososa bez kože
- 2 polievkové lyžice. kapary
- ½ zväzku kôpru
- 1 vrecko Hlávkový šalát, zmiešaný
- 1 m Cibuľa, červená
- 2 polievkové lyžice. Balzamikové, tmavé
- 1 polievková lyžica. rybacia omáčka
- 1 polievková lyžica. Olivový olej
- 1 lyžička papriky

Príprava

Celkový čas cca. 50 minút

Jemne nakrájajte 1 polievkovú lyžičku. kapary a kôpor. Touto zmesou potrieme lososa. Lososa vložíme do sous vide vrecka a na 35 min do vodného kúpeľa pri 55 stupňoch. kvasiť.

Cibuľu nakrájajte na jemné krúžky a nasekajte zvyšné kapary, potom zmiešajte s balzamikovým octom, rybou omáčkou, olivovým olejom a korením.

Lososa vyberte z vrecka a rozdeľte na veľké kusy. Šalát zmiešame s omáčkou a navrch položíme vlažného lososa.

- **Kačacie prsia**

Ingrediencie na 2 porcie
- 2 Filet z kačacích prs s kožou
- 50 g mrkvy, nakrájanej nadrobno
- 50 g petržlenovej vňate, nakrájanej nadrobno
- 50 g šalotky nakrájanej nadrobno
- 50 g jablka nakrájaného na malé kocky
- 50 g Sušené slivky, nakrájané nadrobno
- 1 palec cesnaku, jemne nakrájaný na kocky
- 20 g zázvoru, jemne nakrájaného na kocky

- 100 ml Zeleninový vývar alebo bujón, nesolený
- 50 ml Sójová omáčka, tmavá, prirodzene varená
- 3 polievkové lyžice. citrónová šťava
- 1 ČL, vrchovatá paprika v prášku, ušľachtilá sladká
- ½ ČL korenia, bieleho, jemne mletého
- Kačací tuk
- Soľ

Príprava

Celkový čas cca. 2 hodiny 35 minút

Všetky suroviny nakrájané na malé kocky opečieme na vymastenom hrnci a niekoľkokrát premiešame. Môže sa vytvoriť súprava ľahkého pečenia. Zalejeme vývarom, sójovou omáčkou a citrónovou šťavou a uvoľníme drevenou vareškou. Vmiešame papriku a korenie. Teraz necháme omáčku zľahka podusiť asi 10 minút. Potom rozmixujeme tyčovým mixérom a necháme mierne vychladnúť.

Filety kačacích pŕs opláchnite, osušte kuchynským papierom a kožu narežte ostrým nožom do tvaru kosoštvorca. Dávajte pozor, aby ste nezarezali do mäsa. Filety naplníme vychladnutou omáčkou do vákuového vrecka a povysávame.

Teraz naplňte liatinový hrniec vodou, vložte doň teplomer a na indukčnom poli zohrejte vodu na 62 °C. Po dosiahnutí teploty vložte zatavené vrecko a hrniec zatvorte. Teraz je dôležité sledovať teplotu vody 120 min. Na indukčnom sporáku nie je problém udržať stabilnú teplotu.

Po 2 hodinách vyberte vrecúško, mäso trochu osušte, vložte omáčku do hrnca a udržiavajte v teple. Mäso opekáme na rozohriatej, vymastenej panvici zo strany kože 1 min. A na mäsovej strane 30 - 45 sekúnd.

Poukladáme s omáčkou a podávame s ryžou, cestovinami alebo všetkými druhmi zemiakov.

- **Pečené onsen vajíčko na špenáte**

Ingrediencie na 2 porcie
- 4 vajcia, najlepšia kvalita
- 80 g špenát, mrazený
- 10 g Cibuľa nakrájaná nadrobno
- 20 g mrkvy
- 50 g krabov zo Severného mora
- 40 g smotanového syra
- 50 g masla
- 50 g Panko
- Soľ a korenie
- Muškátový oriešok
- Citrónová šťava

Príprava
Celkový čas cca. 1 hodina 10 minút

Vajíčko onsen je vajce, ktoré sa varí v horúcich japonských prameňoch, takzvaných onsen , pri teplotách medzi 60 a 70 °C. Výsledkom je, že vaječný žĺtok sa uvarí, ale vaječný bielok nie – pretože to trvá najmenej 72 °C. °C

Nastavte sous vide prístroj na 63 ° C a po dosiahnutí teploty varte vajcia vo vodnom kúpeli 60 minút pri 63 ° C.

Medzitým si nakrájame nadrobno cibuľu a mrkvu, môžeme pridať ďalšiu zeleninu ako papriku alebo šampiňóny, pridáme špenát a povaríme. Dobre dochutíme soľou, korením a muškátovým orieškom.

Zmiešajte kraby so smotanovým syrom. Konzistenciu prípadne upravte troškou citrónovej šťavy, podľa potreby dochuťte soľou a korením - podľa chuti.

Vajíčka vyberieme zo škrupiny, prebytočný bielok opatrne utrieme prstom. Na panvici nechajte maslo. Žĺtka rozvaľkáme na panko a krátko opečieme z oboch strán dozlatista.

- **Kuracie rolky so strúhankou**

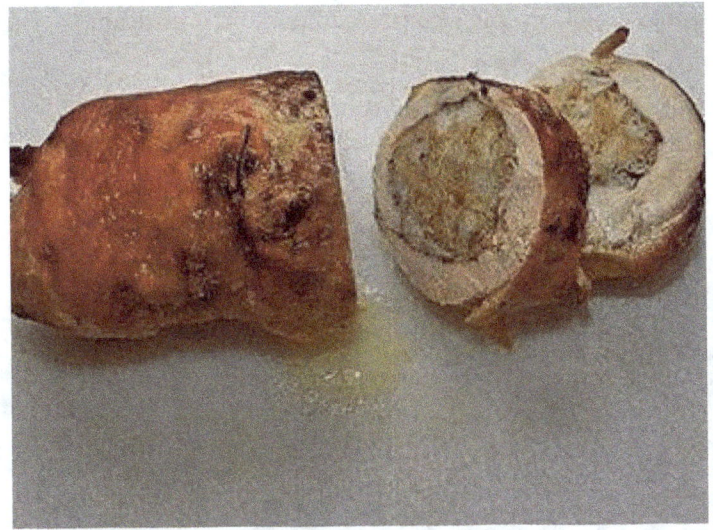

Ingrediencie na 4 porcie
- 4 Kuracie prsia alebo stehná
- 250 g žemle
- 1 vajce
- 100 ml mlieka
- Soľ a korenie
- Byliny, zmiešané

Príprava

Celkový čas cca. 3 hodiny 30 minút

Spustite kuracie prsia alebo stehná a nechajte kožu čo najcelejšiu.

Z kociek chleba, vajíčka, mlieka a korenia pripravte knedľu. Všetko premiešame a necháme vylúhovať.

Mäso položíme naplocho na potravinovú fóliu, okoreníme a navrch dáme knedľu. Sformujeme do rolády, priložíme na kožu a zabalíme do potravinárskej fólie.

Vákuujeme a varíme vo vodnom kúpeli pri 68 °C asi 3 hodiny.

Odstráňte z alobalu a buď krátko opečte v predhriatej rúre na 220 ° alebo plameň pomocou plynového horáka.

Rozrežte a podávajte.

Tiež studené alebo teplé ako predjedlo alebo s bufetmi.

- **Ale nie kakuni**

Ingrediencie na 6 porcií
- 1 kg Bravčový bôčik bez kosti
- 100 ml sójovej omáčky
- 100 ml Mirin
- 100 ml saké
- 2 polievkové lyžice. rybacia omáčka
- 3 polievkové lyžice. cukor
- 3 prsty cesnaku
- 6 cm koreň zázvoru
- 3 jarné cibuľky

Príprava

Celkový čas cca. 1 deň 12 hodín 40 minút

Bravčový bôčik najprv nakrájajte, ideálne by mal mať rovnaké vrstvy tuku a mäsa, nakrájajte na cca. 3 cm kocky. Bôčik môžeme pripraviť rovnakým spôsobom s kôrou alebo bez nej.

Kocky najskôr poukladáme tukovou stranou nadol na rozpálenú panvicu a prudko opečieme. Keďže časť tuku sa okamžite rozpúšťa, nie je potrebný žiadny ďalší tuk. Potom opečieme z druhej strany a vyberieme z panvice.

Zmiešajte mirin, saké, sójovú omáčku, cukor a trochu rybacej omáčky. Cesnak a zázvor ošúpeme a nakrájame, jarnú cibuľku nasekáme nahrubo.

Všetko spolu s kockami bravčového bôčika povysávajte a nechajte kysnúť v sous vide variči pri 64 stupňoch 36 hodín. Samozrejme, je to aj oveľa rýchlejšie, ak zvolíte vyššiu teplotu, no tuk sa potom tak ideálne nepremení na čistú jemnú sklovinu.

Po uplynutí doby pečenia vyberte kocky mäsa z varných vreciek a držte ich v rúre vyhriatej na 65 °C. Tekutinu nechajte opäť zredukovať, kým nezačne hustnúť. Na servírovanie obaľte kúsky bravčového bôčika veľmi aromatickou omáčkou.

Buta no Kakuni znamená z japončiny jednoducho jemne uvarené kocky bravčového bôčika. Variácie tohto jedla spočívajú najmä v marináde/tekute na varenie a dobe varenia. Vzhľadom na požadované pomalé varenie je recept vhodný najmä pre sous vide varič.

- **Kuracie t highs huby**

Ingrediencie na 2 porcie

Na dresing:
- 1 pomarančová šťava, šťava z nej, cca. 100 ml
- 50 ml balzamikového octu z Modeny
- 1 čili papričká, červená
- 2 polievkové lyžice. Olivový olej, panenský

Na marinádu:
- 70 ml sójovej omáčky
- 10 ml ryžového octu
- Worcestershire omáčka, pár kvapiek
- 1 lyžička. Zmes korenia (paprika, koriander, hnedý cukor)
- 2 prsty Cesnak, čerstvejší
- 6 Kuracie stehno
- Na šalát:
- 75 g Kukuričný šalát očistený a umytý

- 1 cibuľa, červená
- 1 paprika, červená
- 1 zväzok koriandra , čerstvého

Na zeleninu:
- 400 g šampiňónov, čerstvé
- 1 polievková lyžica. med
- 1 polievková lyžica. Mandle, nasekané
- Prepustené maslo alebo olej na vyprážanie
- Navyše:
- Soľ a korenie

Príprava

Celkový čas cca. 10 hodín

Na marinádovú sójovú omáčku zmiešajte vo vhodnej nádobe poriadnu štipku ryžového octu (cca 10 ml) a pár kvapiek worcesterskej omáčky. Pridajte hnedý cukor, med, paprikový prášok a koriandrový prášok podľa chuti (1 lyžička). Nakoniec ošúpeme čerstvý cesnak a pretlačíme ho do marinády. Kuracie paličky zmiešame s marinádou a necháme chladiť aspoň 30 minút – najlepšie cez noc. Samotnej marináde sa medze nekladú. Hlavná vec je, že chutí.

Na dresing zmiešame šťavu z čerstvo vytlačenej pomarančovej šťavy v pomere 2:1 s balzamikovým octom. Prostriedky: 100 ml pomarančovej šťavy na 50 ml balzamikového octu. Potom do dresingu pridajte nadrobno nakrájanú čili papričku a trochu soli a korenia. Na konci zašľaháme olej do vinaigrette.

Toto množstvo dáva dresing na približne 4 porcie. Rada si ho nechám a potom použijem na druhý deň.

Jahňací šalát umyjeme, očistíme a zmiešame s nadrobno nakrájanou polovicou červenej cibule (samozrejme podľa veľkosti a chuti) a paprikou. Natrhajte koriander a tiež vmiešajte. Soľ a korenie.

Huby očistíme, nakrájame na plátky a podusíme na rozpálenej panvici – najlepšie na prepustenom masle, ale možno aj na oleji.

Soľ a korenie. Pridajte trochu medu a posypte mandľami a šampiňóny zosklovatejte pod panvicou.

Kurča po marinovaní dobre sceďte a vákuujte, potom varte pri teplote 73,9 stupňov Celzia 1 hodinu. Rozrežte vrecko na jednom rohu a vylejte tekutinu. Stehná rozložíme na plech a buď ich krátko podusíme pod grilom, alebo (ako ja) opálime Bunsenovým horákom.

Potrieme zvyšným dresingom a podávame horúce k jahňaciemu šalátu a šampiňónom.

Tip: Kurča môžete upiecť aj v rúre.

- **Carpaccio z červenej repy s orientálnou kačicou**

Ingrediencie na 2 porcie
- 2 hľuzy červenej repy
- 1 balenie syra Feta
- 1 ČL, vrchovatá dijonská horčica
- 1 lyžička medu

- 1 zväzok koriandra , prípadne plochej petržlenovej vňate
- 2 polievkové lyžice. Balzamikové, ľahšie
- 2 polievkové lyžice. Olej z vlašských orechov alebo sezamový olej, prípadne olivový olej
- 2 polievkové lyžice. Cointreau, prípadne pomarančový džús
- Soľ a korenie
- 1 hrsť píniových orieškov, prípadne vlašských orechov
- 1 polievková lyžica. zrnká korenia
- 2 Karafiát
- 1 lyžička škorice
- 1 lyžička kardamónového prášku
- 5 Nové korenie
- 12 semien koriandra
- ½ lyžičky čili prášku
- ½ lyžičky papriky
- ½ ČL zázvorového prášku
- 1 kačacie prsia
- Prepustené maslo

Príprava

Celkový čas cca. 50 minút

Cvikla v slanej vode cca. 20 min. uvaríme, necháme vychladnúť a nakrájame na jemné plátky. Prípadne použite predvarenú cviklu.

Fetu nakrájame na tenké plátky. Pripravte taniere s cviklou a fetou.

Na dresing zmiešame med, balzamikový ocot, pomarančovú šťavu, horčicu, dochutíme soľou a mletým korením.

Zvyšné koreniny opražíme na panvici bez oleja, necháme trochu vychladnúť a potom mažiar. Koreniacu zmes vložte do mraziaceho vrecka, pridajte kačacie prsia. Vysajte vzduch z vrecka a zauzlite ho. Vrecko v hrnci zalejte vriacou vodou, 10 min. Necháme vylúhovať, zlejeme vodu a opäť zalejeme vriacou vodou, necháme opäť lúhovať 10 min.

Počas tejto doby opražte píniové oriešky alebo jadrá vlašských orechov. Dajte ich na taniere. Koriander alebo petržlenovú vňať nasekáme nahrubo.

Kačacie prsia vyberte z mraziaceho vrecka a vložte ich do prepusteného masla alebo podobne. Smažíme 4-5 minút z každej strany. Omáčku dáme do dresingu. Mäso necháme trochu odpočinúť a nakrájame ho čo najtenšie. Plátky poukladáme na taniere.

Dresingom polejeme carpaccio. Na taniere rozložte nasekané bylinky.

- **Dokonalý filet z hovädzieho mäsa**

Suroviny na 1 porciu
- 1 hovädzie mäso
- 2 strúčiky cesnaku
- 3 Rozmarín
- 7 húb
- 2 jarné cibuľky
- Olej na vyprážanie
- Soľ a korenie

Príprava

Celkový čas cca. 2 hodiny 15 minút

Rozbaľte hovädzie filé a osušte ho, potom ho uzavrite s rozmarínom a ošúpaným cesnakom vo vákuovom vrecku. Vrecko vložte do sous vide kúpeľa pri teplote 53 - 54 °C. Mäso tu vydrží 2 hodiny.

Huby a jarnú cibuľku očistíme a nakrájame na kúsky. Keď mäso vyjde z kúpeľa, môžete sa pustiť do prípravy prílohy, aby mala stále skus a nebola úplne prepečená.

Mäso vyberieme z vrecka a grilujeme na grile metódou flip-flip, čiže každých 20 - 30 sekúnd otočíme, kým sa nevytvorí pekná kôrka.

Šampiňóny a jarnú cibuľku opekáme asi 5 - 10 minút na rozpálenej panvici a dochutíme trochou korenia a soli.

- **Pulpo šalát so salicornes**

Ingrediencie na 4 porcie

- 400 g chobotnice (dužinové chápadlo)
- 5 cl Noilly Prat
- 5 cl olivový olej, jemný
- 150 g Queller (Salicornes)
- 12 Cherry paradajka
- 30 g pistácií
- 1 cibuľa, červená
- 1 hrsť soli
- Morská soľ, hrubá
- Pre vinaigrette:

- 4 cl sherry octu
- ½ strúčiky cesnaku
- 8 cl olivový olej, jemný
- 1 lyžička. dijonská horčica
- Paprika (tasmánska horská paprika), čerstvo mletá
- Cukor
- Soľ

Príprava

Celkový čas cca. 5 hodín 30 minút

chápadlá povysávajte spolu s Noilly Prat a olivovým olejom a varte vo vodnom kúpeli pri 77 °C 5 hodín. Prípadne uvarte chápadlá spolu s olejom a Noilly Prat v pekáči v rúre pri teplote okolo 90 °C – mäso však nezíska takú odolnú proti hryzeniu, ale jemnú konzistenciu ako pri metóde sous-vide.

Medzitým dno zapekacej misy alebo plechu na pečenie husto posypeme hrubozrnnou morskou soľou, na soľ poukladáme rozpolené paradajky reznou plochou nahor a sušíme v rúre pri teplote 110 °C asi 2 hodiny. Paradajky by sa mali zmenšiť asi na polovicu ich objemu. Potom vyberte z rúry, nechajte vychladnúť a opatrne odstráňte soľ. Soľ môže byť "navždy" znovu použitá na podobné procesy sušenia.

Salicornes krátko blanšírujeme vo vriacej vode, rýchlo vychladíme a osušíme.

Pistáciové jadierka opražíme nasucho v rúre pri teplote cca 150 °C do požadovaného stupňa prepečenia (nikdy nie tak dlho, aby stratili zelenú farbu) a necháme vychladnúť.

Cibuľu nakrájame na tenké kolieska, zmiešame s hrsťou soli a necháme hodinu lúhovať. Potom dôkladne opláchnite a na ďalšiu hodinu namočte do aspoň jedného litra studenej vody. Vypustite vodu a cibuľu opatrne osušte.

Cesnak rozdrvíme najemno a vyšľaháme so sherry octom, olivovým olejom a horčicou do emulzie. Dobre ochutíme horským korením, cukrom a soľou. Horská paprika – ktorá vlastne vôbec nie je paprikou – by mala jednoznačne chutiť svojimi kvetinovými, ovocnými tónmi.

Po uplynutí doby varenia vyberte vrecko Pulpo z vodného kúpeľa a rýchlo schlaďte v ľadovej vode. Tykadlá nakrájajte na hrubé kúsky a podávajte so zvyšnými komponentmi.

- **Bravčová panenka**

Ingrediencie na 3 porcie

- 500 g Bravčové filé (bravčová pečienka)
- 750 g zemiakov
- 750 g mrkvy
- Roztopte maslo
- Soľ a korenie
- Cukor

Príprava

Celkový čas asi 2 hodiny 30 minút

Mäso namažte rozpusteným maslom, soľou a korením. Zabaľte veľa, veľa vrstiev lepiacej fólie a uistite sa, že pod fóliou nie je vzduch. Potom konce fólie na oboch stranách niekoľkokrát zauzlite.

Mäso by sa malo v skutočnosti zataviť pomocou vákuového zariadenia, ale kto takéto zariadenie nemá, môže použiť metódu lepiacej fólie. Je dôležité, aby bolo mäso absolútne utesnené, preto je lepšie použiť príliš veľa fólie ako málo.

Položte na hrniec s vodou a zohrejte presne na 60 °C. Na elektrickom sporáku je to medzi stupňom 1 a 2 (z 9). Udržanie presne tejto teploty je pre výsledok veľmi dôležité, preto si na temperovanie naplánujte nejaký čas! Potom vložte zabalené mäso do hrnca a nechajte ho dve hodiny variť bez pokrievky. Potom na veľmi horúcej liatinovej panvici na pár sekúnd roztopte maslo a skaramelizujte v ňom mäso tak, aby vznikla pekná hnedá kôrka.

Na hranolčeky nakrájame zemiaky na kocky cca. 1 cm dlhé (alebo použite veľmi malé a na kocky nakrájané baby zemiaky) a vložte ich do panvice so studenou vodou. Priveďte vodu do varu a zemiaky varte dve minúty, potom sceďte.

Vo veľmi horúcej liatinovej panvici rozpustíme maslo a zemiaky opečieme, kým nie sú pekne hnedé. Potom vložte panvicu so zemiakmi do rúry predhriatej na 180 ° C. Zemiaky smažte, kým nie sú hotové.

Na karamelizovanú mrkvu nakrájajte mrkvu priečne na kúsky dlhé asi 2 cm a potom ich rozštvrťte. Nalejte toľko vody do potiahnutej panvice, aby bolo dno len pokryté. Pridajte vločky masla, cukru a mrkvy. Dusíme, kým nevznikne hnedý sirup a mrkvu v ňom zakrúžte.

- **Teľacia roláda s paradajkovým ragú**

Ingrediencie na 4 porcie
1. 8 Roláda z teľacieho mäsa
2. 1 vetvička rozmarínu
3. 150 g Paradajky, sušené, nakladané v oleji
4. 2 strúčiky cesnaku
5. 50 g Olivy, čierne
6. 100 g parmezánu v jednom kuse
7. 3 kusy sardelové filé
8. 2 čajové lyžičky kapary
9. Soľ
10. Paprika z mlynčeka
11. Na ragú:
12. 500 g cherry paradajok
13. 1 vetvička rozmarínu
14. Oregano
15. Bazalka
16. 4 lyžice.olivového oleja

Príprava

Celkový čas cca. 1 hodina 40 minút

Na rolády si predhrejeme nízkoteplotný hrniec (sous vide varič) na 58 °C. Počas zahrievania rozmarín umyjeme, osušíme, otrháme ihličie a nasekáme nadrobno. Sušené paradajky scedíme a cesnak ošúpeme. Paradajky, cesnak, kapary, filety sardel a olivy nakrájame na veľmi malé kocky a parmezán nastrúhame nahrubo. Na frašku dáme všetky pripravené suroviny okrem paradajok do misky alebo do mažiara s trochou oleja a prudko vymiešame na akúsi kašu, aby sa všetky suroviny spojili.

Plátky mäsa položte vedľa seba na pracovnú dosku. Potrieme fraškou, pričom okraje necháme voľné. Mäso zrolujeme z úzkej strany. Buď jednotlivo, alebo max. Vákuujte 2 rolády do vrecka. Pečieme v nízkoteplotnej rúre 1 hodinu.

Rolády vyberieme, dochutíme soľou a korením a veľmi krátko opečieme zo všetkých strán na panvici.

Na paradajkové ragú umyte paradajky a bylinky a osušte. Ihličie alebo listy otrháme a nasekáme nadrobno. Paradajky spolu s bylinkami vložíme do vákuového vrecka a zľahka dochutíme soľou a korením. Pečieme v nízkoteplotnej rúre pri 85°C 40 minút.

- **Entrecote s gratinovanými zemiakmi**

Ingrediencie na 2 porcie
Na mäso:
- 500 g entrecote
- 4 vetvičky rozmarínu
- 4 vetvičky tymiánu
- 2 bobkové listy
- 50 g masla

Na zapekanie:
- 900 g voskových zemiakov
- 450 ml šľahačkovej smotany
- 1 strúčik cesnaku
- 250 g gratinovaného syra
- 3 štipky soli, korenia, muškátového orieška

- 3 panáky bieleho vína

Príprava

Celkový čas cca. 90 minút

Zahrejte vodný kúpeľ na požadovanú teplotu. Rúru predhrejeme na 180 °C (teplovzdušná rúra).

Entrecote s rozmarínom, tymianom, bobkovými listami a maslom vložíme do vákuového vrecka a všetko dobre premiešame.

Mäso povysávajte, vložte do vodného kúpeľa a nechajte piecť 70 minút.

Zemiaky ošúpeme, rozpolíme a nakrájame na tenké plátky (nakrájané zemiaky ponechajte v ich tvare, neoddeľujte ich).

Strúčik cesnaku rozpolíme a bohato potrieme zapekaciu misu.

Nakrájané polovice zemiakov vložíme do pekáča. Keď je podlaha pokrytá, pokojne poukladajte na seba. Zalejeme smotanou a vínom, dochutíme soľou, korením (zemiaky znesú veľa soli) a nastrúhame muškátový oriešok. Zemiakovo-smotanovú zmes posypeme syrom a zapekaciu misu vložíme do predhriatej rúry na 60 minút.

Panvicu rozohrejeme na najvyšší stupeň, ak začne dymiť, pridáme maslo a steak a krátko opečieme zo všetkých strán, kým sa nevytvorí jednotná kôrka. Predhrejte prístroj na najvyššom plameni na prípravu v pivnici . Vložku nastavte tak, aby bolo mäso od horáka vzdialené 1 cm. Do mäsa vložte rošt a podľa hrúbky steak steak z každej strany 15-30 sekúnd.

Mäso dáme na predhriaty tanier, osolíme a podávame s výpekom.

- **Ovocný šalát so zabaione**

Ingrediencie na 2 porcie
Na šalát:
- 2 hrušky
- 1 detský ananás
- 10 jahôd
- 10 tmavého stolového hrozna
- 2 kiwi
- 4 vetvičky rozmarínu
- 4 vetvičky tymiánu
- 1 hrsť čerstvej mäty
- 3 lyžice hnedého trstinového cukru

- 4 lyžice rumu
- 1 lyžička soli

Pre Zabaione :

- 4 žĺtky
- 4 lyžičky cukru
- 100 ml bieleho vína
- 1 dávka amaretta (voliteľné)

Príprava

Celkový čas cca. 150 minút

Predhrejte vodný kúpeľ na 60 ° C.

Hrušky pozdĺžne rozkrojíme na osminky, zbavíme jadrovníkov, jemne posypeme soľou a vetvičky rozmarínu rozdelíme do dvoch vrecúšok.

Šupku ananásu prekrojíme, plody pozdĺžne rozštvrtíme a vykrojíme stopku. Posypeme hnedým cukrom, vložíme do vrecka, pridáme lístky mäty a dochutíme rumom.

Jahody umyte a osušte. Rozrežte pozdĺžne a rozdeľte do dvoch vrecúšok.

Hrozno umyjeme, osušíme, pozdĺžne rozpolíme a vložíme do fóliového vrecka.

Kiwi ošúpeme a rozštvrtíme a vložíme do vrecka s vetvičkami tymiánu.

Jahody varte 15 minút. Potom vrecko vyberte z vody a nechajte vychladnúť v miske so studenou vodou.

Vodný kúpeľ zohrejte na 65 °C. Do vody pridajte kiwi a hrozno a ak je to potrebné, pripevnite vrecko na hrniec pomocou štipcov na prádlo. Varte 15 minút. Vyberte vrecko a vložte ho do studenej vody s jahodami.

Zahrejte vodný kúpeľ na 75 ° C. pridajte hrušky a varte 30 minút. Vyberte vrecko a vložte ho do studenej vody.

Zahrejte vodný kúpeľ na 85 ° C. Pridajte vrecko ananásu a varte 90 minút. Vložte do studenej vody.

Fóliové vrecko rozrežte, odstráňte bylinky a ovocie poukladajte na taniere.

Zabaione pripravte tesne pred podávaním. Aby ste to urobili, oddeľte vajcia a vložte žĺtky do kovovej misky. Pridáme cukor, víno a amaretto a zmes šľaháme vo vriacom vodnom kúpeli asi 1 minútu, kým nie je konzistencia krémová. Podávame s ovocným šalátom.

- **Sous vide mrkva**

Ingrediencie na 2 porcie

- 6 stredne veľkých mrkiev
- 3 štipky soli
- 2 lyžičky práškového cukru
- 2 panáky olivového oleja

Príprava

Celkový čas cca. 40 minút

Zahrejte vodný kúpeľ na 75 ° C.

Mrkvu ošúpeme a v strede pozdĺžne prekrojíme.

Vložte do fóliového vrecka, polejte olejom a práškovým cukrom a vo vrecku dobre premiešajte.

Mrkvu povysávajte a vložte na 35 minút do temperovaného vodného kúpeľa.

Po uvarení vyberte mrkvu z vodného kúpeľa a zohrejte grilovaciu panvicu na najvyššom stupni, kým para nestúpne. Vložíme mrkvu, zľahka zatlačíme a opekáme cca. 2 minúty, kým neuvidíte pekný pražený vzor.

- **Chrumkavé kuracie prsia so šalátom**

Ingrediencie na 2 porcie
Na mäso:
- 1 celé kuracie prsia (s kožou)
- 50 g masla
- 1 lyžička soli, korenia
- Repkový alebo slnečnicový olej (na vyprážanie)
Na šalát:
- 2 veľké šalátové srdiečka (rímsky šalát)
Na dresing
- 3 ančovičky (z pohára)
- 1 strúčik cesnaku
- 5 kvapiek citrónovej šťavy

- 250 g créme fraiche
- 3 polievkové lyžice olivového oleja
- 150 g parmezánu
- 3 štipky čierneho korenia
  Na krajce chleba (crostini)
- 4 plátky ciabatty
- 4 lyžičky olivového oleja
- 1 strúčik cesnaku

Príprava
Celkový čas cca. 60 minút
Predhrejte vodný kúpeľ na 60 °C pomocou sous vide tyčinky.
Osolíme, okoreníme a vložíme kuracie prsia do fóliového vrecka. Pridajte maslo.
Vrecko uzavrite, vložte do vodného kúpeľa, pripevnite na panvicu a varte 60 minút.
Na dresing pridajte cesnak, ančovičky, olej, crème fraiche a citrónovú šťavu do mažiara a všetko dôkladne rozdrvte, kým sa nevytvorí pasta (samozrejme, môžete použiť aj tyčový mixér alebo kuchynský robot). Dochutíme korením a citrónovou šťavou. Soľ nie je potrebná, pretože ančovičky dávajú dostatok korenia.
Šalát nakrájajte na tenké pásiky a dôkladne ich umyte v cedníku pod studenou vodou.
Po uplynutí doby pečenia kuracích pŕs položte grilovaciu panvicu na sporák a zohrejte na najvyšší stupeň.
Vyberte fóliové vrecko z vodného kúpeľa, vyberte mäso a osušte kuchynským papierom. Keď sa panvica dusí, pridajte trochu repkového alebo slnečnicového oleja a vložte hydinu do panvice kožou nadol. Jemne stlačte grilovacie pásy na skokoch.
Plátky ciabatty z oboch strán pokvapkáme olivovým olejom. Vložíme do panvice a krátko opečieme z oboch strán.

Pridajte dresing do šalátu a preložte. Kuracie prsia rozrežte a položte na šalát. Šalát polejeme parmezánom. Crostini potrieme polovicou strúčika cesnaku a podávame so šalátom.

- **Hovädzie filé na zemiakovej kaši**

Ingrediencie na 3 porcie
Na mäso:
- 350 g hovädzieho filé
- 30 g masla
- 2 vetvičky rozmarínu
- 2 vetvičky tymiánu
- 1 strúčik cesnaku, nakrájaný na tenké plátky
- Soľ

Na búšenie:
- 300 g múčnych zemiakov
- 200 g sladkých zemiakov
- 150 ml šľahačkovej smotany
- 100 g masla
- 3 vetvičky čerstvej majoránky
- 3 vetvičky čerstvého koriandra

- Soľ, korenie, muškátový oriešok
  Pre redukciu:
- 400 ml červeného vína
- 100 ml hovädzieho vývaru
- 5 vetvičiek čerstvého rozmarínu
- 5 vetvičiek čerstvého tymiánu
- 1 cibuľka cesnaku
- Soľ korenie
- 50 g masla
- 1 lyžička paradajkovej pasty
- 2 polievkové lyžice škrobu (rozpustené v dvojnásobnom množstve vody)
- 30 g cukru
- 2 polievkové lyžice olivového oleja

Príprava

Celkový čas cca. 90 minút

Predhrejte vodný kúpeľ na 54 °C.

Filet osušíme kuchynským papierom a pridáme do fóliového vrecka s rozmarínom, tymianom, plátkami cesnaku a maslom. Ingrediencie vmasírujte zvonku do vrecka, aby sa všetko dobre premiešalo.

Mäso povysávame, vložíme do vodného kúpeľa a varíme 90 minút.

Celú cibuľku cesnaku pozdĺžne rozkrojte a vložte reznou stranou nadol do hrnca.

Cesnak zľahka opražte, pridajte najprv olivový olej, potom maslo, čerstvé bylinky a paradajkový pretlak a všetko 1 minútu prudko restujte.

Zalejeme vínom, zalejeme vývarom a za občasného miešania dusíme na miernom ohni asi 40 minút, kým nebude mať redukcia krémovú konzistenciu.

Zemiaky ošúpeme a rozštvrtíme na kašu. Vložte do hrnca so studenou vodou a varte na strednom ohni do mäkka (asi 25 minút).

Omáčku prepasírujeme cez sitko. Varnú dosku nastavte na najvyšší stupeň, do omáčky pridajte cukor a škrob a nechajte všetko raz prevrieť. Znížte na strednú teplotu a varte 20 minút, kým nedosiahnete krémovú konzistenciu.

K zemiakom pridáme smotanu, maslo a nasekané bylinky a všetko krátko roztlačíme. Dochutíme soľou, korením a muškátovým oriešskom.

Vákuové vrecko s mäsom vyberte z vodného kúpeľa a krátko podržte pod studenou vodou. Zahrejte panvicu na najvyšší stupeň. Mäso osušíme, osolíme a krátko opečieme z oboch strán, kým sa nevytvorí chrumkavá kôrka.

- **Holandská omáčka**

Ingrediencie na 2 porcie

- 150 g masla
- 2 žĺtky
- 60 ml vody
- 10 ml bieleho vínneho octu
- 3 g soli

Príprava

Celkový čas cca. 30 minút

Naplňte vaňu sous vide variča vodou a zohrejte na 75 °C.

Maslo rozpustíme a vo vákuovom vrecku naplníme žĺtkom, vodou, citrónovou šťavou, bielym vínnym octom a soľou.

Položte vrecko na vákuovú zváračku a zapnite ju. Pozorne sledujte vaječnú hmotu: z vrecka treba odsať len trochu vzduchu. Ak sa nasaje príliš veľa tekutiny, vyleje sa do vákuovej zváračky. Potom vrecko uzavrite.

Vložte vrecko do sous vide variča a nechajte ho 30 minút odpočívať vo vodnom kúpeli.

Vrecko rozrežeme a hmotu naplníme do sifónu. Naskrutkujte sifón, vložte kartuše N2O a dôkladne pretrepte. Zo sifónu nastriekame na taniere holandskú omáčku.

- **Ťahané bravčové - sous vide varené**

Ingrediencie na 4 porcie
Pre zmes korenia:
- 1 polievková lyžica mletej papriky
- 1 polievková lyžica hnedého cukru
- 1 lyžička soli
- 3 horčičné semienka
- 1 štipka čierneho korenia
- 2 štipky cesnakového prášku
- 1 štipka oregana
- 1/2 čajovej lyžičky koriandrových semienok
- 1 štipka čili vločiek
  Na ťahané bravčové mäso

- 700 g bravčového pliecka
  Zmes korenia:
- 500 g hranoliek
- Bbq omáčka
- 3 jarné cibuľky

Príprava

Celkový čas cca. 15 hodín

Na zmes korenia dôkladne premiešajte všetky ingrediencie.

Naplňte sous vide varič vodou a zohrejte na 74 °C. Mäso potrieme polovicou zmesi korenia zo všetkých strán. Vložte do vákuového vrecka a povysávajte.

Vložte mäso do vodného kúpeľa a nechajte ho piecť asi 16 hodín. Rúru predhrejte na 150 °C. Mäso vyberte z vákuového vrecka a opatrne osušte kuchynským papierom. Potrieme zvyškom zmesi korenia. Pečieme v rúre asi 3 hodiny. Akonáhle teplomer pečienky ukazuje 92 °C, pečienku vyberte a nechajte ešte 20 minút odpočívať.

opečieme podľa návodu na obale, odmastíme ich na kuchynskom papieri a dochutíme soľou a paprikou.

Dajte mäso na dosku. Nakrájajte na kúsky veľkosti sústa 2 veľkými vidličkami. Pridajte BBQ omáčku a miešajte, kým nie je všetko dobre navlhčené omáčkou. Dochutíme soľou. Jarnú cibuľku nakrájame na kolieska.

Ťahané bravčové mäso podávame s hranolkami , jarnou cibuľkou a BBQ omáčkou.

- S losos s mrkvou a hráškovou kašou

Ingrediencie na 4 porcie
Pre lososa:
- 350 g filet z lososa (s kožou)
- 1 kus zázvoru (každý cca 5 cm)
- 2 polievkové lyžice olivového oleja
- Pre mrkvu
- 6 stredne veľkých mrkiev
- 3 štipky soli
- 2 lyžičky práškového cukru
- 3 polievkové lyžice olivového oleja
  Pre hrášok
- 250 g hrášku (mraznička)
- 100 ml rybieho vývaru (alebo zeleninového)
- 2 panáky bieleho vína
- 1 strúčik cesnaku
- 1/2 červenej cibule
- 1 kvapka olivového oleja

- 2 kvapky limetkovej šťavy
- 1 limetka (kôra)
- 1 hrsť čerstvého koriandra
- 1 hrsť čerstvej mäty
- Soľ korenie

Príprava

Celkový čas cca. 175 minút

Predhrejte vodný kúpeľ na 83 °C.

Mrkvu ošúpeme a prekrojíme pozdĺžne na polovice. Vložíme do alobalového vrecka s trochou olivového oleja, soli a práškového cukru a zavakuujeme.

Vložte do temperovaného vodného kúpeľa a varte 2 hodiny.

K rybe nakrájame zázvor na tenké plátky (netreba šúpať), lososa osušíme, potrieme olivovým olejom a soľou. Všetko spolu povysávajte vo fóliovom vrecku a vložte do chladničky.

Cibuľu a cesnak na hráškovú kašu nakrájame nadrobno, nastrúhame kôru z limetky a bylinky nasekáme nahrubo.

V hrnci zohrejte trochu olivového oleja. Cibuľu a cesnak dusíme do priehľadnosti na miernom ohni asi 4 minúty. Zalejeme vývarom a bielym vínom a dusíme 10 minút na miernom ohni.

Po uplynutí doby varenia vyberte mrkvu z vody, odložte ju a upravte vodný kúpeľ na 55 °C pridaním studenej vody

Lososa vyberieme z chladničky a dáme na 45 minút do vodného kúpeľa.

Kastról s vývarom stiahneme zo sporáka, pridáme mrazený hrášok a prikryjeme pokrievkou (hrášok stačí rozmraziť. Ak v hrnci varíte príliš dlho, rýchlo stratí farbu a zmení sa na hnedosivý).

Varnú dosku nastavte na najvyšší stupeň a položte na ňu liatinovú panvicu.

Panvica začne dymiť, vyberieme lososa zo sáčku, vyberieme zázvor a na rozpálenej panvici zo strany kože opečieme rybu do chrumkava. Vyberte mrkvu z vrecka a dobre ju orestujte vedľa ryby. Pre charakteristický vzor grilovania otočte lososa o 90 stupňov po 45 sekundách.

K hrášku pridáme bylinky, limetkovú šťavu a kôru, maslo, soľ a korenie a tyčovým mixérom ich rozdrvíme nahrubo.

Do stredu taniera dáme hráškovú kašu, navrch dáme lososa a vedľa poukladáme mrkvu.

- **Zelená špargľa**

Ingrediencie na 4 porcie
- 450 g špargle
- 2 štipky mletej papriky
- 1/2 lyžice cesnakových vločiek
- 1 čajová lyžička hrubej morskej soli
- 2 polievkové lyžice masla
- 1 limetka
  Príprava

Celkový čas cca. 60 minút

Naplňte sous vide varič vodou a zohrejte na 57 °C.

Limetku nakrájame na mesiačiky. Z končekov špargle odrežte približne 1-2 cm a ošúpte spodnú tretinu. Špargľu so zvyšnými ingredienciami vložíme do vákuového vrecka a zavakuujeme.

Vložte špargľu do vodného kúpeľa a varte 1 hodinu. Vrecúško rozrežeme a podávame ako prílohu napríklad k hovädziemu filé alebo kuracím prsiam.

- **Pošírované vajíčko s palacinkami**

Ingrediencie na 4 porcie
Na zeleninové palacinky:
- 130 g múky
- 1/2 lyžičky sódy bikarbóny

- 2 štipky čierneho korenia
- 1 štipka kajenského korenia
- 60 g karfiolu
- 60 g brokolice
- 1/2 zväzku petržlenu
- 2 jarné cibuľky
- 100 g čedaru
- 1 vajce
- 230 ml mlieka
- 2 polievkové lyžice olivového oleja
- Soľ
  Na pošírované vajcia
- 4 vajcia

Príprava

Celkový čas cca. 45 minút

Naplňte sous vide varič vodou a predhrejte na 75 °C. Pridajte vajcia a varte 16 minút.

Múku zmiešame so sódou bikarbónou, soľou, čiernym korením a kajenským korením.

Jarnú cibuľku nakrájame na kolieska. Karfiol, brokolicu a petržlenovú vňať nakrájame nadrobno. Zmiešame s jarnou cibuľkou, vajcom, mliekom a syrom čedar. Postupne pridávame múčnu zmes.

Na panvici zohrejte olivový olej. Do panvice dáme 1-2 naberačky cesta a zľahka rozotrieme. Palacinky pečieme na strednom ohni dozlatista odspodu. Obrátime a scedíme na kuchynskom papieri. To isté urobte so zvyškom cesta.

Zeleninové placky rozložíme na tanier. Vyberte vajcia zo sous vide variča a opatrne ich rozšľahajte. Pošírované vajcia naukladáme na palacinky a podávame.

- **Špargľa sous vide**

Ingrediencie na 4 porcie

- 500 g špargle, biela
- 0,5 lyžičky. cukor
- 0,5 lyžičky.soľ
- 1 stk. Citrónovú kôru z nej
- 30 g masla

Príprava

Celkový čas cca. 35 minút

Ošúpte bielu špargľu a odstráňte drevnatý koniec a vložte do vákuového vrecka.

Kôru z neošetreného bio citrónu nastrúhajte na strúhadle a pridajte do vrecka spolu s maslom, cukrom a soľou.

Teraz odstráňte vzduch z vrecka pomocou vákuového zariadenia a vrecko uzavrite.

Uzavreté vrecko sa teraz vloží do parného hrnca alebo do zariadenia sous vide na cca. 30 minút pri 85 stupňoch.

Hotovú špargľu vyberieme z vrecka a podávame s varenými zemiakmi a holandskou omáčkou.

- **Sous-vide náhradné rebrá**

Ingrediencie na 2 porcie
- 2 kg rebierka

Ingrediencie na marinádu
- 1 lyžička. paprika
- 1 lyžička. Kmín, mletý
- 1 lyžička. Chilli prášok alebo chilli soľ
- 1 lyžička. oregano
- 1 čierne korenie, mleté
- 1 soľ
- 1 lyžička. cesnakový prášok
- 1 šupka citrónovej šťavy
- 5 polievkových lyžíc. Barbecue omáčka

Príprava

Celkový čas cca. 315 minút

Na sous vide náhradné rebierka si najskôr pripravte výdatnú marinádu. Zmiešajte papriku, rascu, čili prášok, oregano, korenie, soľ, cesnakový prášok a citrónovú šťavu s barbecue omáčkou v miske.

Touto marinádou dobre potrieme náhradné rebierka a položíme rebrá ležmo vedľa seba do vákuového vrecka a povysávame.

Teraz varte náhradné rebierka dobrých 5 hodín pri 80 stupňoch v sous-vide zariadení alebo v parnom hrnci.

Potom náhradné rebierka ihneď opláchnite studenou vodou, mäso vyberte z vrecka a dajte na rozpálený gril - asi na 8-12 minút. Ak chcete, môžete náhradné rebierka po ugrilovaní natrieť trochou barbecue omáčkou – nie je to však nutné.

- **Sous vide mrkvové tyčinky**

Ingrediencie na 4 porcie
- 400 g mrkvy
- 1 polievková lyžica. maslo
- 1 lyžička. Zázvor, strúhaný
- 1 lyžička. Semená feniklu, celé

Príprava

Celkový čas cca. 65 minút

Mrkvu umyjeme, očistíme, ošúpeme škrabkou na zemiaky a nakrájame na podlhovasté tyčinky.

Teraz vložte mrkvové tyčinky vedľa seba do vákuového vrecka. Nastrúhaný zázvor a semiačka feniklu vložte do vrecka s mrkvou a povysávajte.

Teraz vložte vrecko do sous vide zariadenia alebo do parného hrnca a varte 60 minút pri 80 stupňoch.

Potom vrecko uhaste v ľadovej vode (alebo studenej vode), vyberte mrkvu z vrecka a krátko ju premiešajte na troške masla na panvici.

- **Bravčové filé zo sous vide**

Ingrediencie na 4 porcie
- 600 g Bravčové karé / Bravč
- 1 dávka oleja na panvicu
- 1 soľ
- 1 paprika

100 min. Celkový čas
Príprava
Celkový čas cca. 100 minút
V prípade bravčového filé pomocou procesu sous-vide najskôr umyte mäso a osušte kuchynskou utierkou.
Teraz ostrým nožom zbavte mäso zvyškov tuku a striebornej kože a nakrájajte na ľubovoľne veľké plátky (cca 3-4 cm) hrubé - samozrejme môžete piecť aj celé.

Teraz kúsky mäsa prichádzajú do vákuového vrecka a vzduch sa odsaje a zvarí pomocou vákuového zariadenia.

Zvarené vrecko sa potom vloží do naparovača alebo do sous-vide zariadenia na cca. 60 minút pri 63 stupňoch (= stredná) alebo 67 stupňoch.

Po jemnom uvarení vrecko opäť vyberieme, rozrežeme nožom alebo nožnicami, mäso trochu osušíme kuchynským papierom a dochutíme soľou a korením.

Nakoniec sa na panvici rozohreje kvapka oleja a mäso je zo všetkých strán pikantné a len krátko orestované - dôležité je, že olej musí byť veľmi horúci.

- **Zemiaková kaša sous vide**

Ingrediencie na 4 porcie
- 1 kg zemiakov uvarených v múke
- 250 ml mlieka
- 30 g masla
- Soľ
- Muškátový oriešok

Príprava

Celkový čas cca. 100 minút

Na zemiakovú kašu najskôr umyte a ošúpte zemiaky. Potom zemiaky povysávajte a uzavrite vo vákuovom vrecku.

Vrece zemiakov sa vloží do parného hrnca alebo zariadenia sous vide na 90 minút pri teplote 85 stupňov.

Potom vyberte zemiaky z vrecka a roztlačte ich v hrnci a zohrejte na miernom stupni.

V inej miske zohrejeme mlieko spolu s maslom a vareškou vmiešame do zemiakovej zmesi. Zemiakovú kašu ochutíme soľou a štipkou muškátového orieška.

- **Hokkaido tekvica sous vide**

Ingrediencie na 2 porcie
- 1 ks tekvica Hokkaido (z toho 400 gramov)
- Soľ
- Pepper
- 1 lyžička. maslo
- 1 lyžička. Maslo na panvicu
- Zázvor, strúhaný
- 1 panák jablkový džús

Príprava

Celkový čas cca. 25 minút

Tekvicu Hokkaido dobre umyjeme, prekrojíme na polovicu a lyžicou vyberieme dužinu so semienkami - nevyhadzujeme, semienka sa dajú vysušiť a použiť na ozdobenie rôznych jedál.

Teraz nakrájajte tekvicu (vrátane šupky) na kocky veľkosti sústa a pridajte ju spolu so zázvorom, maslom, soľou, korením a štipkou jablkovej šťavy do vákuového vrecka a povysávajte - dbajte na to, aby sa na zvar nedostala tekutina šev tašky.

Teraz varte kúsky tekvice vo vrecku pri teplote 80 stupňov 20 minút v sous vide alebo parnom hrnci.

Po uvarení vrecko vyberte, otvorte a kúsky tekvice krátko opečte na panvici s trochou masla.

- **Bravčové medailóniky zo sous vide**

Ingrediencie na 4 porcie
- 800 g bravčových filé
- Soľ
- Pepper
- Olej na panvicu

Príprava

Celkový čas cca. 75 minút

Na bravčové medailóniky zo sous vide najskôr umyjeme mäso, osušíme a nakrájame na plátky cca. 3-4 cm.

Teraz kúsky mäsa dochuťte soľou a korením, vložte ich do vákuového vrecka a pomocou vákuového zariadenia odstráňte vzduch a vrecko uzavrite.

Vrecko pri 63 stupňoch asi 60 minút v parnom hrnci alebo v sous-vide zariadení.

Potom vrecko rozrežeme, mäso vyberieme a opečieme na panvici na oleji zo všetkých strán - olej by mal byť veľmi horúci a mäso opekať len veľmi krátko.

- **Losos sous vide**

Ingrediencie na 4 porcie
- 4 stk Filet z lososa, bez kože
- Morská soľ
- Korenie, čierne
- 1 šupka citrónovej šťavy
- 2 stk Stonky kôpru, nasekané
- 2 stk Vetvička tymiánu, nasekaná
- 2 polievkové lyžice. olivový olej

Príprava
Celkový čas cca. 40 minút

Najprv umyte filety lososa (asi 180 gramov každý - hrúbka 3 cm), osušte kuchynským papierom a odstráňte kosti.

Teraz si z olivového oleja, narezaných stoniek kôpru, soli, korenia, citrónovej šťavy a nakrájaných vetvičiek tymiánu uvaríme marinádu a potrieme ňou rybie filé.

Potom filety (aj s marinádou) vložte do vákuového vrecka - nepokladajte vedľa seba - vákuujte a varte sáčky 30 minút pri 52 stupňoch v sous vide prístroji alebo v parnom hrnci.

Po uvarení vyberte rybie filé z vrecka a podávajte - prílohou je gratinovaný zemiak alebo varené zemiaky.

- **Kačacie prsia v pomarančovej omáčke**

Ingrediencie na 4 porcie
- 4 kačacie prsia
- 1 cenová soľ
- 1 polievková lyžica. Maslo na panvicu
- Ingrediencie na pomarančovú omáčku
- 1 pomaranč
- 1 strúčik cesnaku
- 1 polievková lyžica. Maslo na panvicu
- 1 cenová soľ

Príprava
Celkový čas cca. 40 minút

Kúsky mäsa z kačacích pŕs umyjeme a osušíme. Potom mäso zbavíme nežiadúcich šliach, kože a tuku (tieto kúsky môžeme použiť na polievku) a na strane s kožou priečne narežeme.

Teraz vložte kusy mäsa vedľa seba do vákuového vrecka a vákuovo uzatvorte vrecko.

Varte vrece pri teplote 66 stupňov (= stredná) alebo 72 stupňov (= cez) počas 35 minút.

Potom mäso vyberieme z vrecka (zachytíme šťavu z varenia) a opečieme na rozpálenej panvici s maslom z oboch strán – zo strany kože trochu dlhšie.

Otvorte pomaranč na pomarančovú omáčku a odstráňte dužinu zo šupky. Kúsky pomaranča nakrájame na malé kúsky - šťavu zachytíme a vypotíme spolu s kúskami pomaranča a strúčikom cesnaku na panvici s trochou masla.

Teraz primiešame šťavu na varenie z vákuového vrecka a necháme krátko prevrieť - dochutíme štipkou soli.

- **Pple millefeuille s bobuľovou omáčkou**

Ingrediencie na 4 porcie
- 300 g lístkového cesta
- 300 g bobúľ
- 60 g trstinového cukru
- 1 malý zväzok mäty
- 50 mililitrov rumu
- 500 g jabĺk Golden Delicious
- 70 g kryštálového cukru
- 50 g píniových orieškov
- 50 g sultánky
- 1 vanilkový struk
- 50 g práškového cukru

Príprava

Celkový čas cca. 3 hodiny 5 minút

Naplňte vodný kúpeľ a predhrejte ho na 65 °C.

¾ bobúľ zmiešame s trstinovým cukrom, pridáme polovicu mäty a rum a všetko dáme do vákuového vrecka, dobre uzavrieme a varíme 15 minút pri 65 °C. Necháme vychladnúť, dobre premiešame a precedíme.

Teraz naplňte vodný kúpeľ a predhrejte ho na 60 °C.

Jablká ošúpeme, zbavíme jadrovníkov, nakrájame na plátky a spolu s kryštálovým cukrom, píniovými orieškami, hrozienkami a vanilkou vložíme do vákuového vrecka. Vrecko pevne uzavrite a úplne ponorte do vodného kúpeľa sous vide a potom ho varte 12 minút pri 60 °C. Necháme dobre vychladnúť.

Lístkové cesto rozvaľkáme a nakrájame z neho 10 cm plátky. Potom ho položte na plech a pečte pri teplote 180 ° C počas 6 minút v rúre.

Po upečení prekrojíme plátky lístkového cesta na polovicu, naplníme jablkom a poukladáme na servírovacie misy. Nakoniec posypte bobuľovou omáčkou a zvyšnou mätou.

- **Jablkový millefeuille s penou**

Ingrediencie na 4 porcie
Sous vide jablko:
- 400 g jabĺk Golden Delicious
- 80 g kryštálového cukru
- 1 vanilkový struk
- Sous vide pena:
- 3 deci mlieka
- 3 deci smotany
- 1 tyčinka škorice
- 6 žĺtkov
- 90 gramov kryštálového cukru
  Lístkové cesto:
- 400 g lístkového cesta
- Obloha:
- píniové oriešky

- Hrozienka

Príprava

Celkový čas cca. 27 minút

Sous vide jablko:

Jablká ošúpeme a zbavíme jadrovníkov, potom ich nakrájame na plátky a spolu s kryštálovým cukrom a vanilkou vložíme do vákuového vrecka sous vide. Keď je vrecko správne uzavreté, úplne ho ponorte do vodného kúpeľa a varte 12 minút pri 60 °C sous vide, kým nebude hotové.

Potom necháme dobre vychladnúť.

Sous vide pena:

Vaječné žĺtky s cukrom dobre vyšľaháme a pridáme smotanu a mlieko. Túto zmes spolu so škoricou vložíme do vákuového vrecka. Vrecko dobre utesnite a ponorte do vodného kúpeľa sous vide.

Potom nechajte variť 15 minút pri teplote 92 °C sous vide.

Potom nechajte zmes vychladnúť. Precedíme cez sitko a smotanu nalejeme do sifónu s plynovou kartušou. Uchovávajte v chladničke.

Lístkové cesto:

Lístkové cesto rozvaľkáme a nakrájame z neho 10 cm plátky. Potom ho položte na plech a pečte pri teplote 190 °C 20 minút v rúre.

Obloha:

Položte lístkové cesto na servírovacie misy; pridajte jablká a dokončite škoricovým krémom, píniovými orieškami a hrozienkami.

- **Sous vide losos s kôprom**

Ingrediencie na 4 porcie

Losos sous vide:
- 400 gramov filé z lososa bez kostí a kože
- 40 mililitrov repkového alebo slnečnicového oleja
- Kôra z 1 citróna
- Soľ

Uhorka:
- 2 uhorky
- 1 malý zväzok kôpru
- Kôra a šťava z 1 limetky
- 2 lyžice repkového oleja
- Soľ
- Cukor

Príprava

Celkový čas cca. 18 minút

Losos sous vide:

Lososa nakrájame na štyri rovnaké kúsky a spolu s ostatnými ingredienciami zavakuujeme vo vákuovom vrecku.

Kúsky lososa varíme 18 minút pri 56 °C vo vodnom kúpeli sous vide, podľa chuti dosolíme a každý kúsok položíme na tanier s uhorkovým šalátom.

Uhorka:

Uhorky ošúpeme, prekrojíme na polovice a nakrájame na kosáčikovité plátky. Spolu so soľou, cukrom a citrónovou kôrou vložte do vákuového vrecka a povysávajte. Marinujte v chladničke 2 hodiny.

Kôpor nasekajte nadrobno a z limetkovej šťavy a oleja pripravte vinaigrette.

Uhorky marinujte vinaigrette a dochuťte kôprom.

- **Hovädzia roláda s cibuľovou omáčkou**

Ingrediencie na 1 porciu

- 4 plátky hovädzieho mäsa, napríklad vrchnák vrchnej strany je veľmi vhodný na roládu.
- 4 lyžice stredne veľkej horčice
- 2 veľké kyslé uhorky
- 1 lyžica slaniny
- 1 stredne veľká cibuľa nakrájaná nadrobno
- 1 čajová lyžička čerstvých listov majoránu
- Trochu balzamikového octu
- Soľ
- 300 mililitrov omáčky

Príprava

Celkový čas cca. 2 hodiny

Plátky rolády vyrovnáme, potrieme horčicou a posypeme trochou soli.

Kocky slaniny dáme do panvice a opražíme ich spolu s cibuľou. Vmiešame lístky majoránu a celé zľahka okyslíme trochou octu.

Túto zmes necháme vychladnúť a položíme na spodok rolády.

Nakrájajte kyslé uhorky a položte ich na cibuľu. Boky trochu prehnite a pevne zrolujte.

Porcie spolu s omáčkou povysávajte a varte 2 hodiny pri 65 °C vo vodnom kúpeli sous vide.

Roládu vyberieme z vrecka a podávame s omáčkou. V prípade potreby omáčku zviažte.

- **Mojito infúzne sous vide**

Ingrediencie na 2 porcie

- 750 ml rumu
- 4 stredne veľké stonky citrónovej trávy - jemne pomliaždené (použitím kuchynského kladiva)
- 4 listy kafírovej limetky
- Kôra z 1 limetky
- Šťava z 1 limetky
- 3 stredne veľké vetvičky čerstvej mäty
- Perlivá voda

Príprava

Celkový čas cca. 4 hodiny

Predhrejte si sous vide vodný kúpeľ na 57 °C.

Všetky ingrediencie vložte do vákuového vrecka a úplne uzavrite odstránením čo najväčšieho množstva vzduchu. Ponorte do vodného kúpeľa sous vide a varte 4 hodiny.

Vyberte z vody a úplne ochlaďte. Najlepšie v chlade.

- **Sous vide sviečková**

Ingrediencie na 4 porcie
- 500 gramov panenky z Nového Zélandu
- 3 lyžice arašidového oleja
- 1 čajová lyžička olivového oleja, extra panenského
- 750 mililitrov červeného vína
- 3 fľaše portského
- 750 mililitrov mäsového vývaru
- 200 gramov husacej pečene
- 200 gramov kuracej pečene
- Soľ a korenie
- 100 gramov hrášku, čerstvého alebo mrazeného
- 50 mililitrov teľacieho vývaru
- 1 mrkva
- 50 gramov čiernej hľuzovky
- 50 mililitrov šampanského

- 150 gramov perlovej cibule
- 5 bobúľ borievky

Spôsob prípravy
Celkový čas cca. 60 minút

Nalejte 750 ml červeného vína, portské a mäsový vývar do panvice, v ktorej môžete pripraviť omáčku, a nechajte dusiť, kým nezískate sirupovú konzistenciu.

Pečeňový krém pripravíme tak, že zvlášť podusíme foie gras a kuraciu pečeň. Nenechávajte tuk. Dochutíme soľou, korením a nakrájame na kocky.

Vývar prevaríme zo 750 ml na cca 100 ml a potom pridáme na kocky nakrájanú pečeň. Zmes prelisujte a prepasírujte cez jemné sitko, aby ste získali jemný, jemný krém.

Hráškové pyré pripravíme krátkym blanšírovaním čerstvého hrášku vo vriacej slanej vode; ak používate mrazený hrášok, nechajte ho najskôr rozmraziť. Hrášok premiešajte s teľacím vývarom a dochuťte soľou a korením.

Mrkvu nakrájajte škrabkou na tenké pásiky. Krátko ich blanšírujeme vo vriacej slanej vode a vystrašíme v ľadovej vode. Urobte z neho malé valčeky a položte ho na tanier. Vložte do rúry na nízku teplotu, aby zostali teplé.

Hľuzovky varte asi hodinu v uzavretej panvici v 50 ml šampanského a 50 ml portského. Potom ich vyberte z nálevu a nakrájajte na malé kocky.

Perlovú cibuľu ošúpeme a opražíme na panvici s trochou arašidového oleja. Zalejeme 500 ml portského, pridáme tri borievky a necháme prevrieť asi 5 minút. Necháme variť ďalších 20 minút s pokrievkou na panvici.

Panenku jemne osolíme a potrieme olivovým olejom. Mäso spolu s dvoma plodmi borievky povysávajte vo vákuovom vrecku. Mäso vložte na 1 hodinu do vodného kúpeľa sous vide pri teplote 60 °C.

Potom mäso vyberte z vrecka, osušte a krátko opečte na panvici s trochou arašidového oleja z oboch strán pri vysokej teplote. Mäsovú šťavu zmiešame s marinovanou perličkovou cibuľou.

Hovädziu filé narežeme šikmo a rozdelíme na štyri taniere. Pridáme kopček hráškového pyré a pečeňový krém. Na tanier poukladajte mrkvové rolky a perleťovú cibuľku. Nalejte omáčku okolo celého jedla a vychutnajte si!

- **Sous vide romanesco brokolica**

Ingrediencie na 4 porcie
- 700 gramov brokolice Romanesco (asi 450 gramov po očistení)
- 20 gramov na kocky nakrájaného slaného masla
- 1 štipka muškátového orieška

Spôsob prípravy

Celkový čas cca. 60 minút

Brokolicu Romanesco nakrájajte na ružičky, očistite, dôkladne umyte a dobre osušte. Krátko ich blanšírujte v osolenej vode a potom ich vyplašte v ľadovej vode.

Zeleninu uložíme vedľa seba do vrecka odolného voči varu, posypeme muškátovým orieškom, pridáme osolené maslo a všetko dobre rozložíme na brokolicu Romanesco.

Zeleninu povysávajte a varte 60 minút pri 80 °C vo vodnom kúpeli sous vide.

Potom to vyplašte v ľadovej vode. Na podávanie zohrejte brokolicu opäť vo vrecúšku a ružičky zľahka opečte na panvici.

- **Vegetariánske zelerové hamburgery**

Ingrediencie na 1 porciu

- 4 Sous Vide plátky zeleru
- 1 červená cibuľa
- 1 hovädzie paradajka
- 4 plátky syra čedar
- 4 (hamburgerové) sendviče
- 2 kyslé uhorky
- Paradajková salsa
- 100 gramov ľadového šalátu
- Kari majonéza (zo 100 ml majonézy, 1 ČL kari a 1 ČL zázvorového sirupu)

Príprava
Celkový čas cca. 15 minút
Plátky zeleru grilujte 4 minúty z každej strany na grilovacej panvici
Rúru predhrejeme na 180°C
Červenú cibuľu nakrájame na kolieska a paradajky na plátky.
Plátky zeleru položte na plech a na každý plátok položte plátok paradajky
Na vrch položte niekoľko koliesok červenej cibule a plátok syra čedar. Vložte do predhriatej rúry na 3 minúty.

Rolky prekrojíme na polovice a krátko ogrilujeme na grilovacej panvici alebo na grilovacej platni. Polovice zakryjeme paradajkovou salsou

Vyberte zelerové hamburgery z rúry a položte ich na spodné polovice chleba. Nálev nakrájajte na dlhé plátky a na každý burger položte plátok.

Kari majonézu zmiešame s nadrobno nakrájaným ľadovým šalátom a naberieme na hamburgery. Prikryjeme zvyšnými polovicami chleba.

- **Infúzny ananás**

Ingrediencie na 1 porciu

1. ½ ananásu
2. Gombík masla
3. 1 tyčinka škorice
4. ¼ vanilkového struku
5. 4 struky kardamónu
6. 2 hviezdičkový aníz
7. Štipka hnedého rumu

Príprava

Ananás očistíme odrezaním šupky a vyrezaním tvrdého jadra.

Nakrájajte na hrubé plátky a vložte do vákuového vrecka.

Navrch položte korenie a kúsok masla a pridajte štipku hnedého rumu.

Vysajte ananás.

Položte tyčinku sous-video na panvicu s vodou a nastavte ju na 82,5 ° C a pridajte ananás, keď má voda teplotu.

Nechajte ananás variť 5 minút.

Vyberte z vrecka a ihneď podávajte podľa vlastného uváženia, pričom „rumové maslo" môžete úplne naliať na ananás alebo ananás ihneď ochladiť späť v ľadovej vode a odložiť na neskôr.

- **Teľacie líčka s kapustou**

Ingrediencie na 4 porcie

- 4 teľacie líčka
- Orientálny rub
- Čerstvý (citrónový) tymián
- Rozmarín a šalvia
- 8 strúčikov cesnaku (rozdrveného)
- Prepustené maslo alebo husacia masť
- Biele korenie (čerstvo mleté)
- Múka, 8 nových zemiakov (vyčistených a rozpolených)
- 1 malá zelená kapusta
- ½ vrecka predvarených gaštanov
- 1 ČL rasce (drvenej)
- 1 fľaša pšeničného piva
- 125 ml zeleninového alebo kuracieho vývaru
- Brusnicový kompót (dóza)

Príprava

Štyri teľacie líčka potrieme olivovým olejom, natrieme orientálnou masťou a posypeme trochou čerstvo mletého korenia a soli.

Každé teľacie líčka vložte do vlastného vákuového vrecka s čerstvým tymianom, šalviou, rozmarínom, prelisovaným cesnakom a štipkou jemného olivového oleja. Mäso povysávajte.

Zahrejte sous-vide varič na 80 °C. Keď zariadenie dosiahne správnu teplotu, vložte vákuové vrecká do držiaka. Poznámka: vrecká musia visieť pod vodou.

Po 6 až 8 hodinách (v závislosti od hrúbky mäsa po vákuovaní) vyberte vrecká zo sporáka a ihneď ich schlaďte späť v ľadovej vode.

Vyberte mäso z vrecúšok a odstráňte bylinky a cesnak. Teľacie líčka pokrájame na 3 kusy. Mäso posypeme čerstvo mletým bielym korením a soľou. Mäso zľahka preložíme z oboch strán cez múku.

Mäso opečte na prudkom ohni na troche prepusteného masla alebo husacej masti a opečte do chrumkava asi za 4 minúty. Mäso necháme na teplom mieste odležať.

Nové zemiaky varíme asi 10 minút vo vode s trochou soli.

Medzitým si nakrájajte kapustu na polovicu a listy natrhajte na kúsky. Gaštany pečieme na miernom ohni na masle 5 minút. Pridajte rascu a kapustu. Niekoľkokrát naberajte. Gaštany polejeme bielym pivom a pridáme vývar. Celé priveďte do varu a potom oheň úplne znížte. Kapustu uvaríme s pokrievkou na panvici asi za 7 minút.

Zemiaky opražíme na masle asi 5 minút.

Nakrájajte mäso. Kapustu rozdelíme na 4 vopred nahriate hlboké taniere, poukladáme na ňu plátky teľacieho líčka a rozložíme naň gaštany a nové zemiaky. Sem-tam nalejte na jedlo lyžicu brusnicového kompótu.

- **Tournedos rossini**

Ingrediencie na 2 porcie
Kačacia pečeň:
- 200 g kačacej pečene
- 1/2 koktailového pohára vieux
- Práškového cukru

Sviečková a omáčka:
- 4 kusy panenky
- (120/140 g) oleja a masla
- 1 dl Madeiry
- 75 g hľuzovkovej tapenády
- 3 dl teľacieho vývaru

Brioškový chlieb:
- 4 hrubé plátky brioškového chleba (2 cm)
- 1 strúčik cesnaku
- Olej
- Zemiaky a špargľa:
- 500 g mladých zemiakov v šupke
- 12 zelenej špargle

Príprava
Príprava kačacej pečene:

Kačaciu pečeň nechajte zohriať a odstráňte žily a cievy.

Kačaciu pečeň vložte do veľkej nádoby. Pridajte vieux a dobre premiešajte. Dochuťte korením, soľou a štipkou práškového cukru (dbajte na to, aby nebol príliš sladký).

Tú vylejeme do vhodnej formy na pečenie a dáme na cca 2 hodiny stuhnúť do chladničky.

Príprava Sviečková a omáčka:

Panenku krátko opečieme na rozpálenom oleji. Potom necháme z panvice mierne vychladnúť.

Mäso povysávajte.

Mäso necháme piecť sous vide 4 hodiny pri 56 °C.

Vývar zlejte madeirou, hľuzovkovou tapenádou a teľacím vývarom.

Znížte na 1/3 a okoreňte podľa chuti.

Príprava brioškového chleba:

Brioškový chlieb nakrájajte na veľké plátky.

Cesnak a zeleninu veľmi krátko nakrájame na oleji.

Chlieb potrieme cesnakovým olejom a v rúre vyhriatej na 180°C ho upečeme do chrumkava.

Príprava zemiakov a špargle:

Zemiaky dobre umyte. Prekrojte ich na polovicu, uvarte do al dente a nechajte vychladnúť.

Špargľu uvaríme vo vriacej vode so soľou a schladíme späť v ľadovej vode.

- **Vrúbkovaný gratin**

Ingrediencie

- 800 gramov kozej kozy
- 2 polievkové lyžice. panko
- 2 polievkové lyžice. píniové oriešky
- 4 vetvičky citrónového tymiánu
- 50 gramov syra pecorino

Spôsob prípravy

Predhrejte rúru s nastavením grilu na 190 °C.

Salsify poukladáme tesne vedľa seba do vymasteného pekáča alebo na vymastený pekáč.

Odstráňte citrónový tymián z vetvičiek a posypte kozí bradou.

Dochutíme čerstvo mletým korením a trochou soli a posypeme píniovými orieškami a panko.

Nastrúhame naň syr pecorino a vymastíme v predhriatej rúre, kým nebude panko pekne chrumkavé a syr zafarbený a rozpustený.

- C kura s brokolicovou syrovou omáčkou

Ingrediencie na 4 porcie
- 4 Kuracie filé
- 1 brokolica
- 3 šalotky
- 10 kusov huby
- 40 g masla
- 5 g soli
- 2 strúčiky cesnaku
- 100 g bieleho vína
- 350 gramov šľahačky
- 100 gramov syra Gouda

Príprava

Celkový čas cca. 1 hodina 30 minút

Zahrejte sous vide kúpeľ na 65 stupňov. Kuracie filé vložte do vákuového vrecka s troškou olivového oleja a štipkou soli. Keď vodný kúpeľ dosiahne teplotu, vložte kurča a nastavte časovač na 1 hodinu.

Z brokolice odrežte ružičky a stonku brokolice nakrájajte na ružičky. Šalotku nakrájame na kúsky a spolu so stopkou brokolice rozdrvíme v kuchynskom robote.

Huby očistíme (ak treba) a nakrájame na štvrtiny.

Na panvici rozpustíme maslo. Osolíme, pridáme nadrobno nakrájaný cesnak a zmes brokolicovej cibuľky a opekáme 5 minút. Pridáme víno a necháme zredukovať, kým v panvici nezostane takmer žiadna vlhkosť. Potom pridajte šľahačku a syr a dobre premiešajte, kým sa nevytvorí štruktúra podobná fondue.

Pridajte brokolicu a šampiňóny a nechajte ich pomaly variť asi 15 minút. Pravidelne miešajte, inak sa omáčka uvarí.

Po hodine vyberte kurča zo sous vide kúpeľa a osušte ich kuchynským papierom. Potom zohrejte panvicu a opečte kurča z oboch strán na peknú hnedú vrstvu. Ihneď podávajte.

Skombinujte kurča s brokolicovou syrovou omáčkou. Dobrú chuť!

- **Zemiaky štiepané pri 72 stupňoch**

Ingrediencie na 6 porcií

- 1 kilo zemiakov
- 250 gramov masla
- 150 gramov mlieka

Príprava

Celkový čas cca. 90 minút

Zemiaky ošúpeme. Keď sú pípače z plášťa, nakrájajte ich na rovnaké časti hrubé asi 1 centimeter ; týmto spôsobom sú všetky zemiaky uvarené súčasne. Odložte šupky.

A ako posledný krok v príprave si zemiaky dlho umývajte! Rezaním do zemiaka rozbíjate bunkové steny v zemiaku, takže sa na reznej ploche uvoľňuje škrob. Ak by ste zemiaky uvarili ihneď, všetok tento škrob by skončil v tekutine na varenie, čo nezlepšuje kašu. Zemiaky niekoľko minút dobre opláchnite, aby zmizol všetok škrob vo vašom dreze.

Ak by ste dali umyté zemiaky do vriacej vody, bunkové steny by praskli a stratili by ste časť škrobu. Jednoduchým trikom zaistíte, že sa škrob najskôr zafixuje v zemiaku. Vďaka tomu zemiak pri ďalšej príprave stráca menej škrobu, presne to, čo chceme!

A ako to robíte? Jednoducho vložte zemiaky do 72 stupňovej vody na 30 minút, jednoducho pomocou sous vide. Naozaj. Urobí z vašich zemiakov iný zemiak... Nie je uvarený, ale je pevný. Všetok škrob je teraz dobre uzavretý v zemiaku.

Zemiak má najväčšiu chuť v šupke. A škoda to nevyužiť vo vašej maškrte! Aby ste to dosiahli, dôkladne umyte šupky a priveďte ich do varu za stáleho miešania s mliekom. Panvicu odstavte z ohňa hneď, ako mlieko zovrie a nechajte ho odpočívať až do použitia. To vtiahne chuť šupiek do mlieka, ktoré nakoniec pridáte do svojho pyré.

Zemiaky po 30 minútach opäť dobre opláchnite a varte ďalších 30 minút. To je samozrejme možné bez sous vide a jednoducho prevarením vody.

Maslo nakrájajte na kúsky a vložte do misky. Uvarené zemiaky scedíme a roztlačíme na jemno lisom na pyré (prípadne použijeme kašu na pyré). Maslo-zemiakovú zmes dobre premiešame.

Teraz pretrite pyré cez čo najjemnejšie (pekárske) sitko.

Pridajte štipku mlieka a dobre premiešajte pyré. Pridávajte mlieko, kým nedosiahnete požadovanú konzistenciu. Dochutíme novým korením a morskou soľou. Nadšenec teraz pridá muškátový oriešok alebo citrónovú/limetkovú kôru (aby pôsobila ako čerstvý náprotivok masla).

ZÁVER

Naozaj sa oplatí investovať do tejto novodobej modernej metódy varenia pre každodenné domáce varenie? Podelím sa o dôvody, prečo si myslím, že sous vide je praktický nástroj na všetko od týždennej večere až po luxusnú večeru.

Aj keď sa táto technika môže zdať taká cudzia a chúlostivá — plastové vrecká? High-tech gadgety? Kto to všetko potrebuje v kuchyni? Prednosti sous vide, tak známe v reštauráciách, však môžu byť nesmierne nápomocné aj domácemu kuchárovi.

Sous vide poskytuje kontrolu v kuchyni až na úroveň, aby ste doručili to najjemnejšie a najchutnejšie jedlo, aké ste kedy mali. Vďaka tomu je veľmi jednoduché dosiahnuť výsledky v kvalite reštaurácie od okraja po okraj.

Najúžasnejším dôvodom je pre mňa jednoduchosť a flexibilita sous vide. Ak varíte pre rôzne preferencie jedla alebo alergie, varenie sous vide vám môže uľahčiť život. Môžete napríklad variť kuracie mäso marinované v množstve korenín, ako aj kuracie mäso len posypané soľou a korením súčasne, takže sa potešia rôzne kategórie ľudí!

8. Pečené hovädzie sous vide

Ingrediencie na 4 porcie

- 1 kg pečeného hovädzieho mäsa
- 1 panák olivového oleja
- 3 vetvy rozmarínu
- 3 vetvičky tymianu
- 20 g masla

Príprava

Celkový čas cca. 5 hodín 20 minút

Najdôležitejšia vec pri varení mäsa alebo rýb metódou sous vide je, že máte vákuovú zváračku a v najlepšom prípade varič sous vide.

Steak najskôr vyberte z obalu a umyte ho studenou vodou, potom ho utrite krepovým papierom.

Oddeľte listy tymiánu a rozmarínu od stonky a stonku nevysávajte, pretože je príliš tvrdá.

Teraz potrite pečené hovädzie mäso olivovým olejom a vložte do plastového vrecka, ktoré je vhodné na varenie sous vide. Potom pridajte do vrecka lístky tymiánu a rozmarínu. Vysajte všetko v tejto taške.

Predhrejte sous vide varič na 56 stupňov a pridajte pečené hovädzie mäso do vodného kúpeľa. Potom sa mäso musí variť vo vodnom kúpeli počas 5 hodín.

Po 5 hodinách vyberte steak z vrecka a otrite ho. Rozpálime grilovaciu panvicu a mäso krátko opečieme z každej strany, maximálne 1 minútu. Do panvice vložte maslo, aby sa zaokrúhlilo.

Potom nechajte steak na predhriatej platni 3 minúty.

9. **Filé z bizóna s fazuľou**

Ingrediencie na 2 porcie

- 1 šálka polenty
- Soľ a korenie, biele
- 1 šálka mlieka
- 1 šálka vody
- 30 g Smržov, sušených (čierne smrže)
- 3 proteín
- Maslo
- 150 g Fazuľa (fazuľa), mrazená
- 100 ml pomarančového džúsu
- 1 polievková lyžica. Estragón, natrhané listy
- 300 g filé z bizóna
- 1 polievková lyžica. prepustené maslo

Príprava

Celkový čas cca. 30 minút

Filet z bizóna uzavriete do plastového vrecka. Necháme lúhovať vo vodnom kúpeli pri 65 °C asi 2 hodiny. Filet bizóna rozbaľte, dochuťte soľou a korením a na prepustenom masle nechajte všetky strany krátko a prudko zafarbiť, nechajte aspoň 5 minút odpočívať a potom nakrájajte na dva plátky.

Polentu uvaríme v zmesi mlieka a vody s trochou soli. Smrže namočíme, potom nakrájame na malé kúsky a pridáme k vychladnutej polente. Možno. Na zlepšenie konzistencie pridajte vodu zo smržov. Z bielkov s trochou soli vyšľaháme tuhý sneh, preložíme pod polentu a zmes nalejeme do maslom vymastených formičiek. Pečieme vo vodnom kúpeli pri teplote 180 °C, kým jemne nezhnedne.

Nechajte fazuľu rozmraziť, odstráňte hrubú šupku. Pomarančovú šťavu trochu zredukujeme, pridáme maslo a soľ. Fazuľu v nej zohrejte len krátko. Estragón nasekáme nadrobno a pred podávaním pridáme.

10. Sous vide filet z lososa

Ingrediencie na 4 porcie

- 450 g Filet z lososa, čerstvé
- Olivový olej
- Soľ a korenie
- Cesnakový prášok
- Citrónová šťava

Príprava

Celkový čas cca. 1 hodina

Pripravte si vhodné vákuové vrecko, lososa povysávajte 1 lyžičkou olivového oleja a trochou soli. Lososa opatrne vložte do vákuového vrecka do vodného kúpeľa predhriateho na 52 °C a varte asi 20 - 25 minút.

Potom lososa vyberieme z kúpeľa, rybu opatrne vyberieme z vrecka a zľahka opečieme na panvici, ale dá sa konzumovať aj priamo.

Podľa chuti dochutíme soľou a trochou korenia s trochou citrónovej šťavy. Podávame na zelenine alebo ryži, podľa chuti.

11. Hovädzie vysoké rebro - sous vide varené

Ingrediencie na 3 porcie

- 4 polievkové lyžice. Worcesterská omáčka
- 2 polievkové lyžice. soľ
- 1 polievková lyžica. Paprika, čerstvo mletá
- 1 polievková lyžica. repkový olej
- 1,3 kg pečené hovädzie mäso (vysoké rebro, s kosťou)

Príprava

Celkový čas cca. 8 hodín 30 minút

Vysoké rebro bohato potrieme worcestrovou omáčkou. Potom posypte soľou a tiež votrite. Vložte do vákuového vrecka a uzavrite. Preložíme do Sous Vide nádoby a pečieme 8 hodín pri 56 °C. Po uplynutí času opečieme rebro zo všetkých strán na panvici alebo na grile. Potom nakrájame na plátky a posypeme čerstvo mletým korením.

To sa hodí k zelenine a dipom na panvici podľa vášho želania.

12. Bravčové filé s estragónovým krémom

Ingrediencie na 4 porcie

- 1 bravčové mäso
- 1 zväzok Estragón , čerstvejší
- 1 polievková lyžica. Horčica, krupica
- 200 ml krému
- 1 šalotka
- 1 polievková lyžica. Slnečnicový olej
- 10 g masla
- Soľ a korenie

Príprava

Celkový čas cca. 1 hodina 50 minút

Bravčové filé umyte, osušte a odstráňte prebytočný tuk a šľachy. Potrieme slnečnicovým olejom, soľou a korením. Estragón umyjeme, osušíme a nasekáme nadrobno. Šalotku ošúpeme a nakrájame nadrobno.

Bravčové filé vložíme do vrecka, pridáme lyžičku estragónu a povysávame. Pečte na úrovni 3 v programe „Sous vide" pri 65 °C cca. 80 minút v parnom hrnci.

Medzitým si na masle podusíme kocky šalotky do priehľadnosti a potom ich potrieme smotanou. Vmiešame horčicu, pridáme zvyšnú tarhoňu a necháme trochu podusiť.

Keď je bravčové filé uvarené, vypráža sa na veľmi horúcej panvici. Keď je mäso sous vide uvarené, nemá kôrku. Aby sa počas pečenia výrazne nezmenil bod varenia, panvica musí byť veľmi horúca, aby sa kôrka vytvorila veľmi rýchlo. Bravčové mäso narežeme šikmo a poukladáme na estragónový krém.

13. Treska-sous-vide

Ingrediencie na 2 porcie

- 2 filé z tresky
- 2 polievkové lyžice. Petržlen, sušený
- 4 polievkové lyžice. olivový olej
- 2 prsty cesnaku
- 1 lyžička citrónovej šťavy
- Soľ a korenie

Príprava

Celkový čas cca. 30 minút

Z olivového oleja, petržlenovej vňate, prelisovaného cesnaku, citrónovej šťavy, soli a korenia pripravíme marinádu.

Pripravte si dve vákuové vrecká. Marinádu natrieme na rybie filé a filé zvaríme vákuovým zariadením.

Varte 20 minút pri 52 stupňoch.

Tip: Uvarenú rybu rýchlo stočíme na panvici s rozpáleným maslom.

14. Sous-vide varený bravčový bôčik

Ingrediencie na 2 porcie

- 500 g Bravčový bôčik bez kosti
- 30 g nakladacia soľ (dusitanová nakladacia soľ)
- 15 g hnedého cukru
- 1 Bobkový list
- 10 bobule borievky
- 10 zrniek korenia
- 3 Klinček
- 2 polievkové lyžice. Horčica stredne pálivá
- Paprika, čierna, hrubo mletá

Príprava

300 ml vody prevaríme s nakladacou soľou a hnedým cukrom v hrnci do slaného nálevu. Nechajte soľanku vychladnúť a zaočkujte mäso injekčnou striekačkou.

Rozdrvte bobule borievky a korenia a pridajte do zvyšku soľanky s bobkovým listom a klinčekmi. Bravčový bôčik s nálevom vložíme do mraziaceho vrecka, pevne uzavrieme a necháme 12 hodín v chladničke.

Mäso vyberieme, umyjeme, osušíme, okoreníme a potrieme horčicou. Bravčový bôčik povysávajte a varte vo vodnom kúpeli pri teplote 65 stupňov 24 hodín.

Po uplynutí doby pečenia vyberte mäso z vákuového vrecka, kôru nakrájajte do tvaru kosoštvorca a opečte do chrumkava pod grilom v rúre. Bravčový bôčik nakrájame na plátky a podávame s kyslou kapustou a zemiakovou kašou.

15. Kačacia rolka sous-vide

Ingrediencie na 6 porcií

- 2 Klub (kačica)
- 1 kačacie prsia
- Slanina, mastnejšia
- 50 g pistácií, nahrubo nasekaných
- 80 g makadamových orechov nasekaných nahrubo
- 2 malé Vajce
- Krém
- Soľ
- Pepper
- 150 g slaniny
- korenie,
- Morská soľ
  Príprava
  Celkový čas cca. 1 hodina 40 minút

Kačacie stehná a prsia zbavte kože, nakrájajte na veľmi jemné kocky a pomaly ich opečte na panvici, kým nie sú chrumkavé. Potom položte na sito, aby ste odkvapkali.

Kačacie stehná uvoľníme a z kostí pripravíme vývar

Kačacie prsia nakrájame na pásiky

Slaninu nakrájame nadrobno.

Z mäsa stehien, smotany, vajec, korenia a slaniny urobte frašku. Pod fraškou vmiešame pistácie a orechy a časť pečenej kačacej kože.

Slaninu poukladáme na dosku a na ňu rozložíme frašku, na frašku rozložíme pásiky kačacích pŕs. Všetko zvinieme so slaninou.

Roládu vložte do vákuového vrecka a varte pri 60 ° asi 1 hodinu.

Roládu vyberieme zo sáčku a krátko opečieme dookola na kačacej masti, na servírovanie nakrájame na plátky a posypeme opečenou kačacou kožou a trochou čerstvo mletého tasmánskeho korenia a fleur de sel.

16. Bravčové sedlo sous vide

Ingrediencie na 4 porcie

- 800 g bravčového mäsa
- 2 prsty cesnaku
- 3 polievkové lyžice. maslo
- 1 Bobkový list
- Olivový olej
- Paprika, čierna z mlyna
- Soľ

Príprava

Celkový čas cca. 2 hodiny 20 minút

Zadný diel potrieme trochou olivového oleja a prikryjeme plátkami cesnaku a bobkovým listom a povysávame.

Vložte do 60 ° teplého vodného kúpeľa na cca. 75 - 90 minút. Prípadne môžete použiť aj parný hrniec.

Čas je druhoradý, pretože mäso sa nemôže zohriať na viac ako 60 °C. Ak si nie ste istí, je lepšie to nechať dlhšie.

Potom bravčové mäso vyberieme, na rozpálenej panvici necháme speniť maslo a mäso na ňom krátko opečieme. Dochutíme soľou a korením a rozkrojíme.

Hodí sa k rizotu a restovanej zelenine (napr. špicatá paprika).
Mäso je potom veľmi jemné, svetloružové a veľmi chutné.

17. Sous vide varené jahňacie stehno

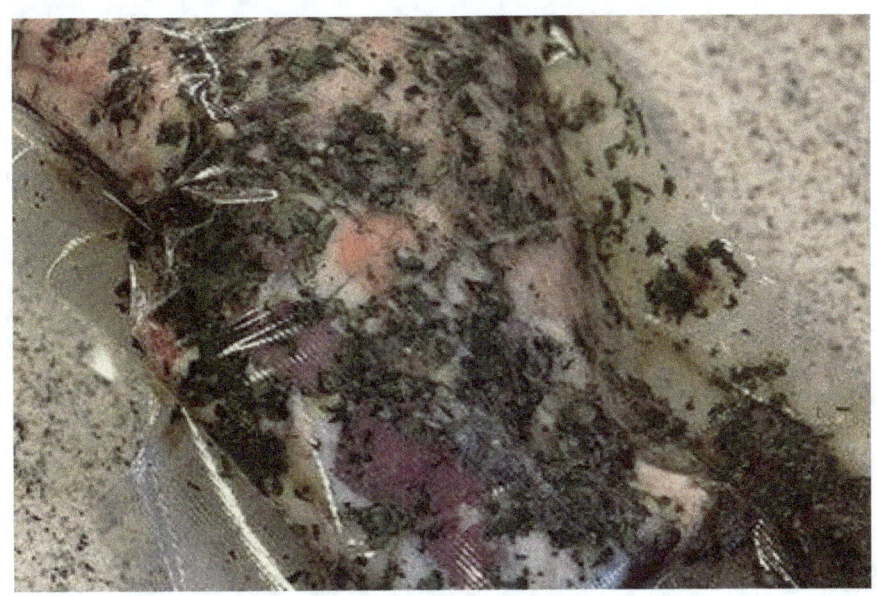

Ingrediencie na 6 porcií

Na marinádu:

- 1 hrsť čierneho korenia
- 1 hrsť soli
- 1 hľuza cesnaku
- 1 zväzok koriandra
- 2 Šalotka
- 1 Limetka

Na mäso:

- 1 jahňacie stehno s kosťou, 2 - 3 kg
- 1 hrsť soli

Príprava

Celkový čas cca. 18 hodín 30 minút

Cesnakovú cibuľku zabaľte do hliníkovej fólie a pečte na grile alebo v rúre pri teplote 180 °C jednu hodinu.

Na marinádu jemne rozdrvte soľ a korenie v mažiari. Opražený a teraz mäkký cesnak rozpolíme a polovicu vytlačíme do mažiara. Nasekajte koriander a šalotku a pridajte do mažiara. Limetku vytlačíme, šťavu pridáme do mažiara a všetko rozmixujeme na suspenziu.

Naplňte sous vide vodný kúpeľ a predhrejte na 58 °C.

Odrazte jahňacie stehno. Ak má silný mazací uzáver, trochu ho odlúpnite. Tukový uzáver vyrežte do tvaru kosoštvorca, dávajte pozor, aby ste neporanili mäso. Stehno osolíme, potrieme marinádou, pridáme zvyšný cesnak a stehno podusíme. Varte sous vide 18 hodín (toto nie je preklep).

Po uvarení vyberte stehno z vrecka a osušte. Grilujte na grile na priamom ohni, aby vznikli pražené arómy.

18. Obmedzené kačacie stehná sous-vide

Ingrediencie na 2 porcie

- 2 Kačacie stehno
- Morská soľ
- Paprika, čierna, čerstvo pomletá
- 1 polievková lyžica. Kačací vývar, koncentrovaný
- 2 bobkové listy, čerstvé
- 5 zrnkové korenie
- 3 kotúče Cesnak, sušený
- 2 polievkové lyžice. Hromadná bravčová masť (kačica), chladená

Príprava

Celkový čas cca. 3 dni 8 hodín 5 minút

Kačacie stehná potrieme kačacím vývarom a dobre osolíme a okoreníme. Spolu s ostatnými ingredienciami povysávajte vo vrecúšku (keďže sa nasaje nejaká tekutina domácim vákuovým zvarom, dôkladne skontrolujte tesnosť zvaru) a varte pri 80 °C osem hodín, potom rýchlo ochlaďte v ľadovom vodnom kúpeli. aspoň 15 minút.

Nechajte v chladničke niekoľko dní alebo dlhšie, ak je to možné.

Pri podávaní vo vodnom kúpeli zohrejte na 75 až 80 °C, opatrne vyberte z vrecka a v prípade potreby šupku krátko opečte pod salamandrou alebo infračerveným grilom v rúre.

19. Špargľa s červeným kari

Ingrediencie na 2 porcie

- 500 g špargle, biela
- 2 čajové lyžičky Kari pasta, červená
- 3 polievkové lyžice. Kokosové mlieko, mrazené
- 1 štipka cukru
- 1 štipka soli
- 1 lyžička masla

Príprava

Celkový čas cca. 55 minút

Kúpte si čerstvú špargľu a očistite ju od šupky.

Potom špargľu dochutíme soľou a cukrom – vložíme do vrecka.

Potom rozdeľte zvyšné ingrediencie do vrecka. Kari pastu trochu rozotrieme po špargli. Na metódu sous vide rada používam mrazené kokosové mlieko. Zvyčajne potrebujem malé množstvá, aby som vždy mal v nádobe na kocky ľadu trochu kokosového mlieka a mohol ho ľahšie vysať.

Nastavte vodný kúpeľ na 85 ° C a varte špargľu 45 minút.

Otvorte vrecko na konci času varenia. Zo špargľovej vody, kari a kokosového mlieka zachytíme šťavu, trochu zahustíme a podávame so špargľou.

20. Varené filé

Ingrediencie na 4 porcie

- 1 kg hovädzieho mäsa
- 1 mrkva
- 50 g koreňa zeleru
- 1 malá cibuľa
- 1 polievková lyžica. oleja
- 100 ml bieleho vína
- Morská soľ
- 6 zrniek korenia
- 1 Bobkový list

Príprava

Celkový čas cca. 20 hodín 15 minút

Z uvareného hovädzieho mäsa ošúpeme kožu. Mrkvu, cibuľu a zeler nakrájame nadrobno. Na panvici rozohrejeme olej a zeleninu podusíme. Zalejeme bielym vínom, takmer úplne zredukujeme.

Uvarené filé potrieme trochou oleja, osolíme (nie príliš) a vložíme do vákuového vrecka. Pridajte zeleninu, bobkový list a korenie a rozdeľte do vrecka. Vysávanie. Varte vo vodnom kúpeli pri teplote 60 až 65 °C 20 hodín.

Potom vyberte z vrecka, vyberte zeleninu a nakrájajte varené hovädzie mäso.

Mäso sa stáva jemné, aromatické a zachováva si rovnomernú ružovú farbu. Chutí výborne so strúhankou, zelenou omáčkou alebo na koreňovej zelenine.

Správna teplota je tak trochu vecou chuti. Varím ho vždy na 64 ° C. Čím dlhšie v ňom zostane, tým viac sa štruktúra mäsa stratí. Ešte jeden deň a dá sa rozdrviť jazykom. Páči sa mi to trochu "chrumkavejšie".

Množstvo na porciu je už dosť štedré, človek s ním zje viac.

21. Vanilkové kura s medovou mrkvou

Ingrediencie na 2 porcie

- 2 Filet z kuracích pŕs, bez kože
- ½ vanilkového struku, pozdĺžne prekrojeného na polovicu
- 2 polievkové lyžice. Olej, hroznové semená
- 16 Mrkva, baby, ošúpaná
- 2 polievkové lyžice. maslo
- 3 polievkové lyžice. Akáciový med
- Soľ
- Paprika, čierna, mletá

Príprava

Celkový čas cca. 4 hodiny

Filety z kuracích pŕs vysajte s olejom, vanilkovým strukom a korením a nechajte marinovať aspoň 2 hodiny.

Vákuové každé 8 mrkvy s 1 polievková lyžica. maslo a 1,5 lyžice. med.

Kuracie mäso varte pri 60 ° 100 minút vo vodnom kúpeli alebo v parnom hrnci. Vyberte z vrecka a opečte na predhriatej panvici. Potom soľ.

Mrkvu varte pri 85 ° 25 minút v parnej rúre alebo vo vodnom kúpeli. Potom vložte do predhriatej panvice a smažte, kým med neskaramelizuje. Soľ a korenie.

Poukladáme na predhriate taniere.

Hodí sa ku kuskusu alebo polente.

22. Sous vide hovädzí steak s červeným vínom

Ingrediencie na 2 porcie

- 2 Hovädzí steak (hip steak), cca. 250 g každý
- 4 vetvičky rozmarínu
- 4 vetvičky tymianu
- 100 ml portského vína
- 150 ml červeného vína
- Olivový olej, dobrý
- Prepustené maslo
- Morská soľ, hrubá
- Paprika (steaková paprika)
- 1 lyžička, vrchovatý cukor
- 1 polievková lyžica. Maslo, studené

Príprava

Celkový čas cca. 2 hodiny

Hovädzie steaky osušte a povysávajte vetvičkou tymiánu a rozmarínu a trochou olivového oleja.

Vyhrejte sous vide kúpeľ na 56 stupňov a potom do neho vložte vrecká.

Krátko pred koncom varenia necháme v hrnci skaramelizovať cukor a zalejeme červeným vínom a portským vínom. Pridáme zvyšné bylinky a víno necháme dusiť domäkka.

Po 90 minútach vyberte steaky z vodného kúpeľa. Položte panvicu s prepusteným maslom a nechajte maslo poriadne rozpáliť. Medzitým steaky zľahka poklepte. Steaky krátko opečte na masle asi 5 - 10 sekúnd z každej strany, potom zabaľte do alobalu a udržiavajte v teple.

Do panvice dáme vínnu zmes a zredukujeme na 1/3, dochutíme soľou, korením a zahustíme trochou masla.

Na tanier dáme omáčku a navrch položíme steak, posypeme hrubozrnnou soľou a korením.

Veľmi dobre sa k tomu hodia pečené zemiaky.

23. Losos varený sous vide

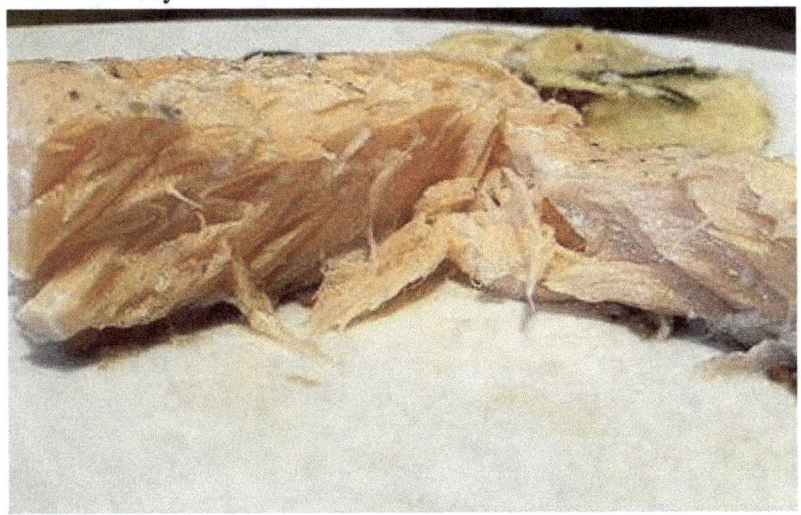

Suroviny na 1 porciu

- 200 g Filet z lososa s kožou
- 2 plátky citróna nakrájané na tenké plátky
- 2 konáre kôpru
- ½ strúčika cesnaku, nakrájaného na tenké plátky
- Rozmarín
- Tymián
- 2 kvapky olivového oleja
- Pepper

Príprava

Celkový čas cca. 45 minút

Utrite lososa. Zľahka potrieme olivovým olejom a korením. Vložte do sous vide vrecka. Na rybu rozložíme plátky citrónu a cesnaku, ako aj bylinky a všetko povysávame.

Vodný kúpeľ zohrejeme sous vide tyčinkou na 45°C a vrecúško s obsahom varíme cca. 30 minút. Po 30 minútach lososa vyberieme z obalu.

Približne Vložte na rozpálenú panvicu zo strany kože na 10 sekúnd a veľmi horúce opečte, ihneď podávajte.

Každý si potom môže dochutiť podľa chuti soľou, korením, citrónom a čili.

24. Bravčový bôčik sous vide

Ingrediencie na 2 porcie
- 500 g Bravčový bôčik, nenaložený

- 1 Bobkový list, čerstvý
- 3 bobule borievky
- Soľ
- Paprika, čierna, z mlyna

Príprava

Celkový čas cca. 15 hodín 5 minút

Bobkový list rozdeľte na kúsky. Borievky roztlačíme. Bravčový bôčik potrieme trochou soli, jemne okoreníme a vložíme do vákuového vrecka s borievkami a bobkovými listami.

Vákuujte a varte vo vodnom kúpeli pri teplote 75 °C počas 15 hodín. Výsledkom je bravčový bôčik, ktorý je jemný, aromatický a šťavnatý, ale už nie ružový.

25. Celé hovädzie filé po sous vide

Ingrediencie na 4 porcie

- 500 g Hovädzie filé v celku
- 1 vetvička rozmarínu
- 2 polievkové lyžice. maslo
- 2 čajové lyžičky soli
- 1 lyžička čierneho korenia
- 3 bobule borievky
- Niektoré rozmarínové ihly

Príprava

Celkový čas cca. 3 hodiny 15 minút

Celý hovädzí filet umyjeme, osušíme kuchynským papierom a pomaly necháme zohriať na izbovú teplotu (asi 2 hodiny vopred vyberieme z chladničky).

Potom zvarte do fólie s vetvičkou rozmarínu.

Miska Cooking Chef do max. Naplňte značku vodou a nastavte ju na 58 °C (nasaďte ochranu proti striekaniu, interval miešania 3 bez miešadla).

Po dosiahnutí teploty pridajte zvarené hovädzie mäso a nechajte ho tam 3 hodiny. Zatvorte kryt proti striekaniu, aby teplota zostala konštantná!

Potom vyberte z CC a rozstrihnite fóliu.

Na panvici rozohrejeme maslo so soľou, korením, prelisovanými borievkami a niekoľkými ihličkami rozmarínu a necháme mierne zhnednúť. Filet z oboch strán krátko opečieme (celkovo cca 1 min.). Stačí nakrájať (nie príliš tenké plátky) a podávať.

26. Rump steak à la s ciabattou

Suroviny na 1 porciu

- 300 g hovädzieho mäsa
- 1 balenie rukoly
- 100 g píniových orieškov
- 2 strúčiky cesnaku
- 100 g parmezánu
- 150 ml olivového oleja
- 1 Ciabatta na pečenie
- 50 g cherry paradajok
- 1 guľa Mozzarella
- Soľ a korenie

Príprava

Celkový čas cca. 1 hodina 55 minút

Hovädzie filé povysávajte a nechajte 10-15 minút postáť. necháme odležať pri izbovej teplote. Zahrejte vodu na 56 ° C a vložte filet do vodného kúpeľa s konštantnou teplotou. Varte vo vodnom kúpeli približne 50 - 55 minút.

Medzitým upečieme chlieb podľa návodu na obale.

Pripravte si pesto – rukolu, píniové oriešky, parmezán a olej zmiešajte, kým vám nevznikne krémová zmes. Mozzarellu a paradajky nakrájame na malé kocky.

Chlieb nakrájame na plátky a potrieme pestom. Na obalené plátky poukladáme kúsky paradajok a mozzarelly.

Rozohrejte panvicu a opečte na nej filetový steak. Podávame posypané soľou a korením.

27. Kuracie stehno sous vide

Suroviny na 1 porciu

- 1 veľké kuracie stehná
- Paprika
- Soľ a korenie

Príprava

Celkový čas cca. 1 hodina 40 minút

Kuracie stehno potrieme korením, soľou a paprikou a utesníme vo vákuovom vrecku. V prípade potreby je k dispozícii aj mraziace vrecko s posuvným uzáverom, v ktorom odsajete vzduch slamkou.

Vodný kúpeľ zohrejeme na 82 °C a vákuové vrecko vložíme do vodného kúpeľa a kuracie stehno varíme asi 90 minút pri konštantnej teplote 82 °C. Už to nemá význam.

Po dosiahnutí času varenia predhrejte grilovaciu panvicu na najvyšší stupeň a tiež nastavte veľký gril v rúre na najvyšší stupeň plus program grilovania.

Kuracie stehno vyberieme z vákuového vrecka a vložíme na rozohriatu panvicu. Panvicu ihneď položte pod gril a stehno grilujte v rúre 2-4 minúty, kým koža nie je chrumkavá. Stehno je prepečené do poslednej kosti a má príjemnú grilovaciu vôňu.

28. Sous-vide kamzíčia noha

Ingrediencie na 2 porcie
- 500 g Kamzíkové stehno bez kosti, pripravené mäsiarom
- 200 ml Červené víno, suché

- 200 ml Divoký fond
- 6 Dátum, bez kameňa
- 2 polievkové lyžice. Jablčného octu
- 2 polievkové lyžice. prepustené maslo
- 2 Cibuľa, červená
- 1 lyžička korenia na zverinu

Príprava

Celkový čas cca. 2 hodiny 40 minút

Na prepustenom masle opečieme kamzíčie stehno. Stehno necháme trochu vychladnúť a potom ho zabalíme do fólie. Varíme vo vodnom kúpeli pri teplote 68 stupňov asi 2 hodiny.

Cibuľu nakrájame na tyčinky, polovicu datlí nasekáme, druhú polovicu nakrájame na plátky.

Na panvici stehna pomaly orestujte cibuľu. Pridajte nakrájané datle. Zalejeme červeným vínom, divokým džúsom a jablčným octom a zredukujeme na polovicu. Pridajte korenie z diviny a plátky datlí.

29. Nesprávny filet varený sous vide

Ingrediencie na 4 porcie

- 1 kg hovädzieho pliecka (falošné filé)
- 2 polievkové lyžice. maslo
- 2 čajové lyžičky tymiánu
- 1 lyžička čierneho korenia
- 2 strúčiky cesnaku

Príprava

Celkový čas cca. 2 hodiny 30 minút

Filet rozbaľte a osušte. Mäso čisto opečte. Potrieme maslom, aby sa korenie a tymian lepšie držali. Filet s prelisovaným cesnakom vložíme do vákuového vrecka a povysávame.

Vložte nesprávne filé do zariadenia sous vide pri teplote 54 ° C a nechajte ho tam dve hodiny.

Po dvoch hodinách vrecko otvoríme a grilujeme zo všetkých strán 2-3 minúty na priamom ohni. Po ugrilovaní necháme mäso asi 3 - 5 minút odpočívať, potom je hotové.

Jemne nakrájané, napríklad ako predjedlo, úplne vynikajúce.

30. Hovädzia sviečkovica varená sous vide

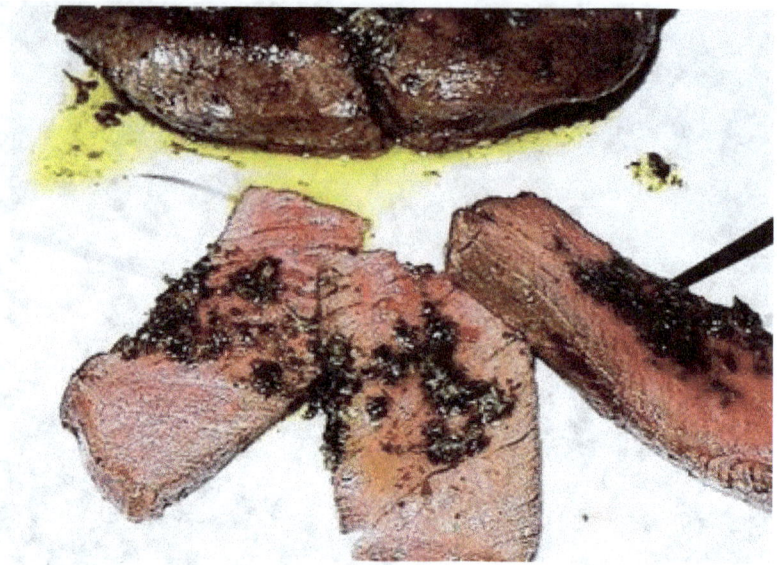

Ingrediencie na 2 porcie

- 600 g hovädzieho mäsa
- 1 štipka soli
- 1 štipka papriky
- 2 polievkové lyžice. Kopcovitý olej
- 1 malý kúsok masla alebo bylinkového masla

Príprava

Celkový čas cca. 1 hodina 29 minút

Zoberiete 2 300 gramov hovädzích karé, ideálne od mäsiara. Môžete ich povysávať u mäsiara alebo si to urobiť sami doma, aj s bylinkami.

Zohrejte hrniec s vodou a potom počkajte, kým zovrie. Nezabudnite naň nasadiť veko. Len čo voda poriadne zovrie, má teplotu cca. 100 stupňov.

Hrniec s pokrievkou odstavíte z varnej dosky a počkáte asi 5 minút. Vtedy má voda teplotu medzi 85 a 90 stupňami. Teraz vložte mäso do vákuového vrecka do vody, kým nebude zakryté. Nasaďte späť pokrievku a nechajte 15 minút dusiť.

Tým dosiahneme teplotu jadra cca. 50 stupňov v mäse. Po uplynutí tejto doby vyberieme z hrnca a necháme 4-5 minút odpočívať.

Teraz mäso vychádza z vrecka. Premasírujete ho olejom a dochutíte soľou a korením z každej strany. Zároveň necháme rozohriať panvicu a potom opečieme koniec stvárnenia cca. 1,5 minúty na stranu. Teraz vyberte panvicu z varnej dosky a pridajte kúsok (bylinkového) masla. Aby sa mäso zo všetkých strán vtieralo a mäso opäť necháme odležať.

Teraz poukladajte na tanier a podľa potreby polejte zvyšným bylinkovým maslom.

31. Zemiaky s fermentovaným yuzu

Ingrediencie na 4 porcie

- 700 g Zemiaky, uvarené na tvrdo
- 50 g zeleru
- 50 g mrkvy
- 1 šalotka
- 10 g Yuzu, fermentovaného
- 20 ml zeleninového vývaru
- 1 štipka cukru
- Sójová omáčka

Príprava

Celkový čas cca. 2 hodiny 35 minút

Zemiaky ošúpeme, nakrájame na kocky (cca 2 cm okraj), krátko blanšírujeme v slanej vode a necháme vychladnúť.

Zeler, mrkvu a šalotku nakrájame na veľmi jemné kocky.

Všetky ingrediencie dáme do vákuového vrecka spolu s vykvaseným yuzu, zeleninovým vývarom a štipkou cukru. Použijeme stredné vákuum a varíme pri teplote 85 °C asi 2 hodiny.

Potom vrecko otvorte a dochuťte trochou sóje yuzu.

32. Biela špargľa sous vide

Ingrediencie na 2 porcie

- 800 g špargľa, biela
- 1 lyžička cukru
- 1 štipka soli
- 50 g masla
- Bylinky

Príprava

Celkový čas cca. 40 minút

Špargľu ošúpeme a odrežeme konce. Špargľové špargle vložíme do vrecka, pridáme soľ, cukor a maslo a zavakúujeme.

Pečte na úrovni 3 v programe „Sous vide" pri 85 °C cca. 30 minút v parnom hrnci.

Ak chcete, môžete so špargľou vákuovať bylinky ako bazalku, medvedí cesnak, tymian, rozmarín alebo mätu. Ale pozor! Chuťový zážitok sa stáva dosť intenzívnym.

33. Prsia z divej husi sous vide

Ingrediencie na 4 porcie

- 2 Husacie prsia spustené divými husami
- 2 čajové lyžičky Soľ, hrubá
- 1 lyžička čierneho korenia
- 6 Bobule borievky
- 3 Nové korenie
- 200 ml oleja z vlašských orechov
- 100 ml červeného vína
- 200 ml Divoký fond
- Kukuričný škrob na stuhnutie

Príprava

Celkový čas cca. 1 hodina 25 minút

Natrite korenie. Vložte 1 prsník do vákuového vrecka. Do každého vrecka pridajte 100 ml orechového oleja. Vákuujeme a varíme vo vodnom kúpeli pri teplote 68 stupňov asi 1 hodinu.

Potom vyberte, osušte a opečte dookola na panvici. Necháme trochu odležať a potom nakrájame.

Výpek medzitým pokvapkáme červeným vínom a necháme trochu prevrieť. Zalejeme vývarom z diviny, prípadne dochutíme soľou, korením a cukrom a potom previažeme kukuričným škrobom.

34. Králik sous-vide

Ingrediencie na 4 porcie
- 4 Králičie stehno
- 1 cibuľa
- 3 mrkva
- 1 tyčinka pór

- 1 strúčiky cesnaku
- 1 menší koreň zeleru
- Rozmarín
- 2 polievkové lyžice. olivový olej
- Soľ a korenie

Príprava

Celkový čas cca. 3 hodiny 30 minút

Králičie stehná umyte a osušte kuchynským papierom. Uvoľnite kosti a mäso dochuťte soľou a korením.

Cibuľu, strúčik cesnaku, mrkvu a zeler ošúpeme a nakrájame na malé kocky. Pór nakrájame na pásiky. Všetko podusíme v hrnci s 1 polievkovou lyžicou olivového oleja 3 minúty a necháme vychladnúť. Podľa ľubovôle pridajte rozmarín. Nožičky a zeleninu vložte do vákuového vrecka a povysávajte.

Králičie stehná varte v prístroji sous vide pri teplote 65 stupňov 3 hodiny.

Vývar z vrecka necháme trochu zredukovať a vložíme do omáčky. Stehná opečieme na zvyšnom olivovom oleji. Zeleninu z vrecka poukladáme na taniere.

35. Jahňacie stehno sous vide

Ingrediencie na 4 porcie

- 1 kg Jahňacie stehno, vykostené
- Soľ a korenie
- 1 vetvička rozmarínu
- 1 polievková lyžica. prepustené maslo

Príprava

Celkový čas cca. 19 hodín

Vykostené jahňacie stehno normálne zo všetkých strán osolíme a okoreníme, do otvoru kosti vložíme vetvičku rozmarínu. Mäso zložte, vložte do vhodného vákuového vrecka a povysávajte.

Predhrejte sous vide varič na 65 °C, vložte mäso a pečte pri 65 °C 18 hodín.

Po upečení mäso vyberieme z vrecka, poklepeme a krátko a prudko opečieme na prepustenom masle. Udržujte v teple pri 65 ° C alebo znova zvarte a v prípade potreby zohrejte na 65 ° C v hrnci sous vide.

Mäso je tak akurát a jemné.

36. Filety z krokodíla sous-vide

Ingrediencie na 4 porcie

- 500 g filet (filé z krokodíla)
- 1 citróny
- 1 polievková lyžica. citrónový olej
- 3 polievkové lyžice. olivový olej
- 4 Jarná cibuľka nakrájaná na jemné kolieska
- ½ citróna, šťava z neho
- Pepper
- Soľ
- 1 vetvička rozmarínu

Príprava

Celkový čas cca. 4 hodiny 30 minút

Filety umyte a osušte.

Všetky ingrediencie na marinádu spolu zmiešame. Filety vložíme do vrecúšok a zalejeme marinádou. Celý citrón nakrájame na tenké plátky a poukladáme na filety.

Utesnite vrecúška Sous-vide, ak je to možné, nechajte 1 - 2 hodiny v chladničke. Varte domäkka v sous vide hrnci pri teplote 80 °C 3 hodiny.

Filety vyberieme z vrecúšok a nahrubo ich oškrabeme. Rozohrejte veľkú panvicu s množstvom masla.

Na prudkom ohni len krátko opečte, aby sa filety zafarbili do zlatista. Ihneď podávajte.

K tomu sa hodí citrónovo-dulová omáčka.

37. Losos so smotanovým syrom

Ingrediencie na 2 porcie

- 250 g lososa, mrazeného
- 200 g dvojitej smotany
- 2 šálky Basmati
- 4 šálky vody
- 1 citróny
- 1 kari prášok

Príprava

Celkový čas cca. 45 minút

Keď je losos rozmrazený, trochu ho osušíme a potom okoreníme. Potom prichádza vo vákuových vreckách Sous Vide.

Vákuovačku nastavte na hrúbku ryby cca. 1,5 - 2 cm na 55 °C počas 15 minút. Ryba je stále sklovitá a potom nie je suchá a chutí výborne.

Pri basmati ryži je v podstate dôležité, aby bola namočená asi 15 minút, podľa množstva. Potom ho treba dôkladne opláchnuť, kým sa voda nevyjasní a nebude mliečna. Potom sa musí pripraviť podľa pokynov výrobcu. po uvarení zmiešajte basmati ryžu s trochou citrónovej kôry, chutilo to veľmi osviežujúco!

Jednoducho zmiešajte smotanový syr s trochou citrónovej kôry a kari. Chutilo veľmi dobre a dobre sa hodilo k lososovi.

38. Husacie stehno sous vide

Ingrediencie na 4 porcie
- 4 Husacie stehno

- 2 Oranžová
- 2 jablká
- Soľ a korenie

Príprava

Celkový čas cca. 1 deň 8 hodín 40 minút

Husacie stehná dochutíme soľou a korením. Z pomarančov odrežte kôru a nakrájajte na plátky. Jablká umyjeme, rozštvrtíme, zbavíme jadrovníkov a nakrájame na malé kúsky.

Vložte husacie stehná, pomaranče a jablká do vákuového vrecka a povysávajte. Odložíme na 1 deň do chladničky, aby sa husacie stehienka pretiahli.

Stehná s ovocím vložíme do sous vide variča a necháme postáť 6 hodín pri 70 stupňoch. Potom necháme ešte 2 hodiny lúhovať pri 80 stupňoch.

Nožičky vyberieme z vrecka a dáme piecť do chrumkava v rúre na 200 stupňov. Vývar, pomaranče a jablká dáme do vopred pripravenej omáčky, premiešame a pretlačíme.

K tomu žemlová knedľa, červená kapusta a glazované gaštany chutia výborne.

39. Husacie prsia sous vide

Ingrediencie na 2 porcie

- ½ husacích pŕs, cca. 300 g
- Soľ a korenie
- Paprikový prášok, ušľachtilý sladký
- Prepustené maslo
- 1 šalotka
- Fond husí

Príprava

Celkový čas cca. 12 hodín 20 minút

Vykostené husacie prsia potrieme koreninami, vákuujeme do vrecka a varíme vo vodnom kúpeli pri teplote 65 stupňov 12 hodín.

Potom vyberte husacie prsia z vrecka. Zachyťte tekutinu na varenie.

Prepustené maslo necháme na panvici veľmi zohriať. Husacie prsia krátko a prudko opečieme na strane domu, krátko, aby sa nedovarili, vyberieme ich a uchováme v teple.

Šalotku nasekáme nadrobno, orestujeme na výpeku, zalejeme výpekom a prípadne husacím vývarom, necháme trochu prevrieť, potom podľa ľubovôle previažeme spojivom na omáčku alebo maslom.

40. Hovädzia pečienka odležaná nasucho, sous vide

Ingrediencie na 4 porcie

- 800 g Hovädzie pečené mäso odležané nasucho v jednom kuse
- Korenie podľa ľubovôle

Príprava

Celkový čas cca. 7 hodín 30 minút

Očistite pečené hovädzie mäso a uzavrite ho vo vákuovom vrecku. Vodu zohrejte na 52 stupňov (medium rare) pomocou Sous vide Stick, mäso nechajte vo vodnom kúpeli asi 7 hodín.

Odstráňte vákuové vrecko a pridajte mäsovú šťavu do prílohy (ak chcete).

Mäso okoreníme a opečieme dookola na panvici. Nakrájajte na plátky cca. 1 cm hrubé a poukladajte.

41. Pstruh lososový na lôžku so zeleninou

Ingrediencie na 4 porcie

- 1 veľký Pstruh lososový filetovaný na 4 kusy, jatočné telá si nechajme vzadu
- 50 g zeleru, nakrájaného nadrobno
- 50 g mrkvy, nakrájanej nadrobno
- 50 g póru nakrájaného nadrobno
- 2 prúžky Škrabkou ošúpeme pomarančovú kôru na 2 krát
- Petržlen
- Estragón
- Trochu pomarančovej kôry
- 200 ml rybieho vývaru
- 60 ml ocot, svetlý, sladký (jablčný balzamikový ocot)
- 10 zrniek korenia, biele
- 4 Nové korenie
- 40 ml bieleho vína
- 60 ml Noilly Prat
- 4 polievkové lyžice. Kokosové mlieko, tuhá zložka
- 2 cm zázvoru

- 2 stonky citrónovej trávy na kúsky
- 5 listov kafírovej limetky
- 3 veľké sladké zemiaky
- 2 m. Vo veľkosti Zemiaky
- Zadné
- Soľ a korenie

Príprava

Celkový čas cca. 2 hodiny 50 minút

Pstruha lososa najskôr vyfiletujte a ošúpte z neho kožu. Kosti vytiahneme kliešťami na ryby a filé zvnútra jemne okoreníme soľou a korením. Potom vnútro prikryte petržlenovou vňaťou, estragónom a pomarančovou kôrou a filety odložte.

Rybí vývar priveďte do varu s octom, bielym vínom, Noilly Prat, kokosovým mliekom, koreninami (nové korenie, korenie, zázvor, citrónová tráva, listy kafírovej limetky) a rybími trupmi a zredukujte ich asi o 15 - 20 minút.

Zeleninové pásiky s pomarančovou kôrou medzitým zľahka orestujeme na troche prepusteného masla a dochutíme soľou a korením.

Časť zeleniny vložte do vhodných vákuových vrecúšok, na každé položte filet a zalejte vývarom. Potom vrecká utesnite vákuovým zariadením.

Batáty a zemiaky ošúpeme, nakrájame na kúsky a dusíme v parnom hrnci asi 30 minút. Potom prelisujeme cez lis na zemiaky a dochutíme zahusteným vývarom, soľou a korením a udržiavame v teple.

Rybie filé varte vo vodnom kúpeli pri teplote 56 °C 18 minút.

Na predhriate taniere položte pyré zo sladkých zemiakov, rozrežte vrece, obsah prikryte zrkadlami a zalejte rybím vývarom. Ozdobte podľa želania.

42. Králičí chrbát a nohy s pažbou

Ingrediencie na 2 porcie
- 1 králičí chrbát alebo 2 králičie filety
- 2 Králičie stehno (králičie stehno)
- 4 polievkové lyžice . Maslo , studené
  Pre jazero:
- 1 lyžička borievky
- 1 lyžička korenia
- 2 vetvičky tymianu
- Soľ
  Pre fond:
- 1 Králičí chrbát vrátane kostí
- 1 malá miska zeleninová polievka
- 1 cibuľa
- 2 polievkové lyžice. oleja
- 1 Bobkový list
- 1 lyžička. zrnká korenia
  Na omáčku: (Demi-Glace)
- 1 polievková lyžica. maslo
- 2 Šalotka

153

- 1 lyžička, vrchovatá paradajková pasta
- 250 ml Červené víno, suché
- 150 ml portského vína
- 2 vetvičky tymianu
- 50 g masla

Príprava

Celkový čas cca. 1 deň 9 hodín 45 minút

Mäso vložíme na 24 hodín do ochuteného nálevu. To znamená, že mäso zostane šťavnatejšie, zachová si príjemnú kúsavosť, optimálne sa osolí a jemne dochutí.

Mäso odvážime a podlejeme minimálne rovnakou hmotnosťou vody. Pridajte 1,75% z celkovej hmotnosti mäsa a vody do soli a rozpustite vo vode. Roztlačíme borievky a korenie a pridáme do vody s tymianom. V prípade potreby zavážte tanierom, aby kusy mäsa zostali dole.

Vyberte králičie stehná z nálevu a osušte. Pridáme maslo a stehná povysávame. Varíme sous vide 8 hodín pri teplote 75 °C. Králičie stehná môžeme potom opražiť na troške masla alebo vykostiť a ďalej spracovávať.

Odstráňte zadné filé z nálevu a osušte. Na pracovnú dosku položte približne 30 cm potravinovú fóliu. Položte filety na seba v opačných smeroch. Umiestnite tenký koniec na hrubý koniec a hrubý koniec na tenký koniec tak, aby vznikol jednotný prameň. Preložte potravinovú fóliu a konce zatočte tak, aby vznikla rovnomerná rolka. Filety treba k sebe pevne pritlačiť, aby po uvarení držali spolu. Konce rolky zaistite priadzou, rolku vložte do vákuového vrecka a povysávajte. Varíme sous vide 45 minút pri 58 °C. Zadnú filetovú roládu môžeme po uvarení nakrájať a pekne podávať. Pečenie nie je potrebné.

Predhrejte rúru na 220 ° C v zadnej časti. Nakrájajte kosti na kúsky. Polievkovú zeleninu okrem petržlenovej vňate očistíme a nakrájame nahrubo. Cibuľu rozštvrtíme. Zeleninu zmiešame s olejom a pečieme v rúre cca. 30 - 45 minút, kým sa pekne opálite. Po polovici času prípadne dobre premiešajte. Vložte zeleninu a kosti do veľkého hrnca. Zvyšky pečienky odstráňte z plechu trochou vody a pridajte. Pridajte bobkový list, korenie a petržlenovú vňať. Doplňte cca. 2 l vody, priveďte do varu a varte 1,5 - 2 hodiny. Čas varenia v tlakovom hrnci možno primerane skrátiť. Vývar precedíme a zeleninu a kosti dobre vytlačíme. Mal by zostať asi 1 liter.

Pre Demi-Glace nakrájajte šalotku na kocky a poduste do priehľadnosti s trochou masla. Pridajte paradajkový pretlak a pár minút opekajte. Postupne prilievame víno a portské víno a necháme takmer úplne vyvrieť. Pridajte králičí vývar a tymián a nechajte pomaly variť, kým omáčka nebude krémová. Ak sa má podávať ihneď, zviažte ho ľadovo vychladeným maslom. Ak dávate prednosť viazaniu múkou, môžete maslo opražiť v samostatnom hrnci, kým nebude cítiť oriešky, pridať 1 polievkovú lyžicu múky a krátko opražiť. Dávajte pozor, aby sa maslo neprepálilo. Dolejeme omáčkou a stále miešame, aby sa nevytvorili hrudky. Zviazaná omáčka sa dá dobre prehriať.

43. Grécky šalát sous vide

Ingrediencie na 2 porcie

- 1 uhorka
- 2 čajové lyžičky Balzamikový ocot, biely
- 3 lyžičky cukru
- 2 stonky
- 1 veľké paradajky
- 200 g syra feta
- ½ cibule, červená
- 6 olív
- Olivový olej, dobrý

Príprava

Celkový čas cca. 1 deň 15 minút

Uhorku ošúpeme a nakrájame na tri časti. Kúsky uhorky povysávajte balzamikovým octom, cukrom a kôprom. Necháme 24 hodín odležať v chladničke.

Na druhý deň uhorku nakrájame na vhodné pásiky a položíme do stredu taniera. Ovčí syr nakrájame na rovnakú veľkosť a poukladáme na uhorku. Potom paradajku nakrájame na plátky a poukladáme na ovčí syr. Na paradajku posypeme trochou papriky. Nakoniec na vežičku položte cibuľu na tenké prúžky. Ozdobte olivami a podľa chuti polejte šalát olivovým olejom.

Vákuovaním uhorka získa oveľa intenzívnejšiu chuť. Čas stojí za to.

44. štýl picanha sous-vide

Ingrediencie na 4 porcie

- 1,2 kg hovädzieho mäsa
- 3 polievkové lyžice. olivový olej
- 3 vetvy rozmarínu
- 1 prepustené maslo
- Soľ a korenie

Príprava

Celkový čas cca. 1 deň 1 hodina

filé by podľa možnosti malo mať ešte 0,5-1 cm hrubú vrstvu tuku, ako pri brazílskej picanhe . Ten sa vyreže do tvaru diamantu bez toho, aby sa zarezal do mäsa.

Vložte mäso s olivovým olejom a zbavenými ihličkami rozmarínu do vákuového vrecka, vákuovo uzavrite a uzavrite. Nepridávajte soľ. Zahrievajte v tepelnom zariadení na 56 stupňov počas 24 hodín. Po uplynutí doby pečenia mäso vyberte, zachyťte časť omáčky, ktorá sa vytvorila. Môže sa pridať napríklad do pripravenej omáčky z červeného vína.

Mäso opečieme zo všetkých strán na prepustenom masle, dochutíme korením a soľou. Nakrájajte na cca. 1 cm hrubé plátky cez zrno.

Vnútro mäsa je ružové (stredné).

Nechýbajú napríklad slaninové fazuľky, líšky a krokety či zapekané zemiaky

45. Ťahané bravčové sous vide na ázijský spôsob

Ingrediencie na 3 porcie

- 1½ kg Bravčová krkovička bez kostí
- 2½ ČL prášku z piatich korení
- ¼ šálky hoisinovej omáčky
- 3 polievkové lyžice. sójová omáčka
- 3 polievkové lyžice. med
- 2 polievkové lyžice. Ryžové víno (ryžové víno Shaoxing)
- 2 polievkové lyžice. Zázvor, čerstvejší, strúhaný
- 2 polievkové lyžice. Cesnak, lisovaný
- 1 citrón, kôra z neho

Príprava

Celkový čas cca. 20 hodín 35 minút

Potrebujete sous vide varič, vákuové zariadenie a vákuové vrecko. Predpokladám, že môžete použiť veľmi husté mraziace vrecko, ale hustote by som veľmi neveril.

Ak máte bravčovú krkovičku s kosťou, musíte ju buď vybrať, alebo položiť dve vrecká na seba na varenie sous vide, aby kosť nevyrezala do vrecka dieru a nedostala sa do nej voda.

Bravčovú krkovičku buď nechajte vcelku, alebo ju nakrájajte na hrubé kocky. Výhodou predchádzajúceho rezania je, že dĺžka mäsových vlákien je už určená.

Zvyšné ingrediencie na marinádovú omáčku spolu zmiešame.

Teraz nakrájajte vrecko na dostatočne veľkú veľkosť na varenie sous-vide a buďte štedrí. Už zvarte šev pomocou vákuového zvaru a vložte mäso do otvoru vrecka.

Nalejte omáčku a vrecko povysávajte - dávajte pozor, aby ste omáčku neodstránili.

Do sous vide variča dajte dostatok vody s teplotou 70 °C. Po dosiahnutí teploty vložte vrecko tak, aby bolo úplne ponorené. Tip: Vždy pridávam horúcu vodu, aby som ušetril čas. Mäso necháme vo vodnom kúpeli 20 - 24 hodín.

Medzitým určite skontrolujte, či je ešte dostatok tekutiny a predovšetkým, či vrecúško od mäsa neodpláva vývojom pary. Ak áno, musíte sa sťažovať a tlačiť pod povrch. Dá sa na to použiť príbor, kliešte a pod.-len nič, prosím, čo by vodu udržalo preč od mäsa, ako taniere a podobne.

Voliteľné: Pre svetlú kôrku predhrejte rúru na maximálnu teplotu a grilujte alebo horný ohrev.

Po uvarení vrecko vyberte, odstrihnite malý roh a vytečenú tekutinu nalejte do hrnca. Vyberte mäso z vrecka. Teraz je už teoreticky hotový a dá sa vyzdvihnúť.

Alebo pre svetlú kôrku mäso z vonkajšej strany osušte. Vložíme do veľkej nádoby na pečenie a grilujeme v rúre, kým sa nevytvorí svetlá kôrka. Potom mäso nastrúhajte do veľkej misy. Malo by to byť veľmi jednoduché. Teraz pridajte kôru z citróna.

Vyskúšajte mäso: ak je príliš suché, pridajte trochu tekutiny. V opačnom prípade vytečenú tekutinu jemne vyvarte na sporáku.

Aby ste to dosiahli, musíte použiť žiaruvzdornú silikónovú stierku na neustále miešanie a posúvanie omáčky na dne hrnca, pretože tekutina obsahuje med a omáčku hoisin - obe majú tendenciu sa pripáliť.

Keď sa dosiahne požadovaná konzistencia, omáčka sa môže pridať k mäsu a zamiešať alebo podávať samostatne. Väčšinou ich primiešavam. Zmes sa dá dobre rozkysnúť aj trochou vody.

Toto "Pulled Pork" na ázijský spôsob je dosť sladké a teraz sa dá jesť na akýkoľvek spôsob: na burger rolkách, vo wrapoch, tacos , atď.
Mäso je obzvlášť dobré s niečím chrumkavým, ako aj s trochou kyseliny, ako je niečo vykladané. Vezmem si napríklad pár plátkov uhorky, ktoré som krátko namočil do zmesi octu, vody, cukru a soli, alebo červenú cibuľu nakrájanú so štipkou soli a cukru a vidličkou svetlý ocot, alebo klasický kapustový šalát. . Veľmi pekná mi príde aj kukurica a jarná cibuľka.

Zmrazovanie funguje jednoducho hneď po varení sous vide. Ešte vo vrecku v ľadovom kúpeli rýchlo schladiť, znovu povysávať a zmraziť. Spotrebujte do cca 4 týždňov.

Za týmto účelom mäso jemne rozmrazte v chladničke počas 2 dní, potom ho vložte pod gril alebo ho opečte dookola na panvici. Funguje to len vtedy, ak je mäso studené a teda pevnejšie ako priamo zo sous vide variča. Potom ich vyberte a v prípade potreby priveďte späť na plnú teplotu v mikrovlnnej rúre alebo v hrnci.

Množstvo je pre 4 osoby - od 1,5 kg po sous vide varení cca. 1,1 kg - je veľkoryso vypočítané a líši sa v závislosti od účelu.

46. Vajcia sous-vide

Suroviny na 1 porciu
17. 1 vajce, veľkosť L
18. 1 štipka soli a korenia

Príprava

Nastavil som sous vide stick na 62 ° C. Potom vložte vajíčko alebo vajcia do vodného kúpeľa na 45 minút.

Pri teplote, ktorú som si nastavila, je žĺtok stále veľmi tekutý – preto sa dá použiť aj ako poleva na cestoviny alebo iné jedlá. Vaječný žĺtok je tuhší pri cca. 68 °C a netečie po celej platni. Po uvarení vajíčko uhasíme pod studenou vodou, nožom prešľaháme a dáme na tanier. Dolaďte soľou, korením a iným korením, ako chcete.

40. Bravčové koleno sous vide

Suroviny na 1 porciu

- 1 Bravčové koleno alebo bravčové koleno
- Korenie podľa ľubovôle

Príprava

Celkový čas cca. 1 deň 5 hodín 20 minút

Čerstvé, nekonzervované bravčové koleno, inde známe aj ako bravčové koleno alebo v Rakúsku ako chodúle, sa umyje, vysuší a vloží do vákuového vrecka. Potom nasleduje korenie podľa ľubovôle. Rád používam zmes grilovacieho korenia z papriky (štipľavej a sladkej), papriky, cesnaku, soli a trochy cukru. Potom sa vzduch čo najviac odsaje a vrecko sa vzduchotesne uzavrie. Používam na to vákuové zariadenie (malo by byť možné odstrániť vzduch aj iným spôsobom a vrecko bezpečne utesniť. Nemám s tým skúsenosti.) Teraz ide vrecko do vodného kúpeľa na 28 hodín pri teplote 70 stupňov Celzia.

Po kúpeli sa driek vyberie z vrecka a koža drieku sa vyreže do tvaru diamantu. Koleno sa vloží do hrnca a zaleje sa tekutinou z vrecka. Teraz je kôra do chrumkava vyprážaná v rúre pri teplote 160 stupňov Celzia asi za 45 minút a je hotové maslové, ale chrumkavé koleno.

47. Jahňacie stehno sous vide

Ingrediencie na 6 porcií
- 1 jahňacie stehno, cca. 1,5 - 2 kg
- 3 Vetva tymianu
- 2 Rozmarín
- 1 kus masla
- 2 čajové lyžičky cesnakového prášku

Príprava

Celkový čas cca. 20 hodín 40 minút

Jahňacie stehno opečieme, potrieme cesnakovým práškom, soľou a korením a vložíme do vrecka. Pridajte 2 - 3 vetvičky tymiánu a rozmarínu (najlepšie trochu viac tymianu a trochu menej rozmarínu) a poriadny kúsok masla. Vrecúško povysávajte a vložte do vodného kúpeľa predhriateho na 57 °C. Po 20 hodinách varenia vyberte, vyberte bylinky a osušte. Teraz položte jahňacie stehno na gril (alebo rúru) predhriaty na 300 °C s nepriamym teplom a grilujte cca. 8 - 10 minút.

48. Papriková zelenina sous vide

Ingrediencie na 4 porcie

- 3 Paprika, červená, žltá, zelená
- 1 vetvička rozmarínu
- 20 g masla
- Soľ a korenie

Príprava

Celkový čas cca. 1 hodina 15 minút

Papriky ošúpeme škrabkou a nakrájame na kúsky. Naplníme spolu s rozmarínom a maslom do vákuového vrecka a zavakuujeme.

Vložte do zariadenia sous vide pri teplote 90 °C na cca. 60 - 90 minút. Potom vyberte z vrecka a dochuťte soľou a korením. Plná aróma papriky zostane zachovaná.

Vhodné ako chutná príloha ku všetkým druhom jedál.

49. Šafránový fenikel sous vide

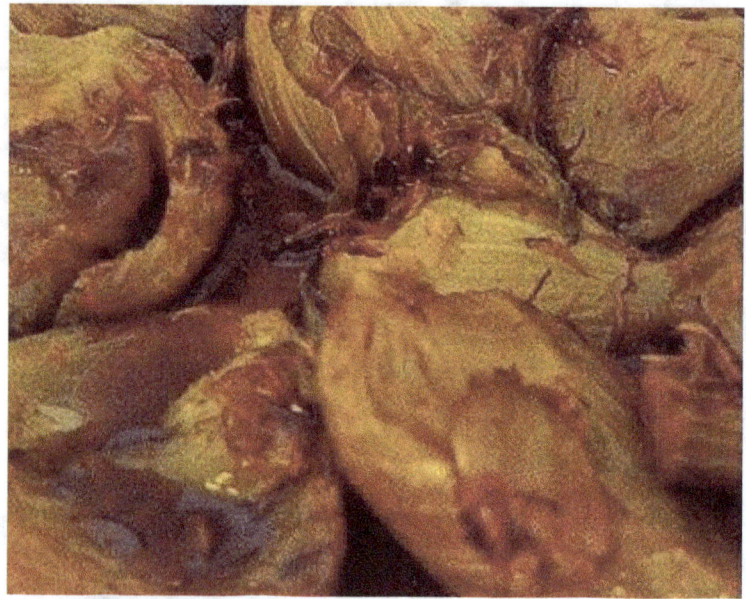

Ingrediencie na 4 porcie

- 2 tuberfenikel
- 1 g šafranu
- 100 ml hydinového vývaru
- 20 ml olivového oleja
- 3 g soli

Príprava

Celkový čas cca. 3 hodiny 20 minút

Fenikel pozdĺžne nakrájajte na plátky hrubé asi 6 mm. Tam, kde listy spolu visia cez stonku, vznikajú plátky.

Stonky a vonkajšie časti sa dajú dobre použiť na feniklovú krémovú polievku.

Plátky spolu s ostatnými ingredienciami povysávajte vo vákuovom vrecku. Varte vo vodnom kúpeli pri teplote 85 ° C počas 3 hodín.

Vyberte z vrecúšok a varný vývar zredukujte na cca. 1/3 sumy.

Úžasná a efektná príloha napríklad k mäsu a rybám.

50. Pečené mäso s orechovou kôrkou

Ingrediencie na 4 porcie

- 1 kg pečeného hovädzieho mäsa
- 150 g nasekaných vlašských orechov
- 1½ lyžice. maslo
- 50 g parmezánu, nakrájaného nadrobno
- 4 polievkové lyžice. Bylinky, nasekané, stredomorské
- Soľ a korenie

Príprava

Celkový čas cca. 5 hodín 30 minút

Pečenú hovädzinu najskôr dochutíme soľou a korením. Potom zvarte vo vákuu. Pečeň varíme pri 63 °C metódou sous vide asi 4 - 5 hodín.

Medzitým vytvorte kôrku z vlašských orechov, masla, parmezánu, byliniek, soli a korenia. Najlepšie je dať všetky zmiešané ingrediencie do mraziaceho vrecka. V tomto rozvaľkáte ingrediencie naplocho na požadovanú veľkosť. Potom kôra ide do chladničky. Neskôr môžete kôrku narezať na správnu veľkosť ostrým nožom vrátane fólie. Odstráňte fóliu a rozložte ju presne na mäso.

20 minút pred podávaním a na konci doby pečenia predhrejte rúru na 220 °C funkciu gril.

Pečeň opečieme na veľmi rozpálenej panvici s malým množstvom tuku z každej strany veľmi krátko (30 sekúnd).

Pečené mäso vyberte z panvice a vložte do zapekacej misy. Teraz položte kôru na mäso. Vložíme do rúry a mäso vyberieme, až keď je kôrka pekne hnedá. To však netrvá dlho, maximálne 5 minút.

Teraz si môžete vychutnať perfektnú ružovú pečienku s kôrkou. B. s pórovou zeleninou a špachtľou .

51. Hovädzie filé bez praženia

Ingrediencie na 2 porcie

- 400 g hovädzieho filé (stredný kus)
- 1 polievková lyžica. Worcesterská omáčka
- ½ lyžičky Pimentón de la Vera, mierne
- 1 lyžička Paprika v prášku, pikantná
- 1 lyžička, vrchovatý surový trstinový cukor
- 1 ČL, vrchovatá pažítka, dr.

Príprava

Celkový čas cca. 15 hodín 10 minút

Vložte filé do vákuového vrecka. Zmiešajte všetky ostatné ingrediencie a pridajte do vrecka. Filet potrieme ingredienciami vo vrecku. Potom vysajte. Najlepšie je nechať filet marinovať cez noc.

Vyberte filé z chladničky 2 hodiny pred varením. Predhrejte rúru vhodnú na sous vide na 55 ° C. Vložte filé do rúry na 3 hodiny.

Vyberte z vrecka, rozrežte a ihneď podávajte.

52. Steak z tuniaka na kokosovom špenáte

Ingrediencie na 2 porcie

- 2 steaky z tuniaka, každý po 250 g
- 250 g Listový špenát
- 1 malý kúsok zázvoru, asi 2 cm
- 1 polievková lyžica. olivový olej
- 3 polievkové lyžice. sezamový olej
- 1 šalotka
- 1 polievková lyžica nahromadených sezamových semienok, opražené
- 100 ml kokosového mlieka
- 1 prstový cesnak
- Soľ a korenie

Príprava

Celkový čas cca. 55 minút

Špenát necháme rozmraziť a dobre vyžmýkame. Zázvor ošúpeme a nastrúhame. Šalotku a cesnak ošúpeme a nakrájame na malé kocky.

Zohrejte olivový olej a orestujte šalotku a cesnak. Pridáme špenát a dusíme 10 minút. Kokosové mlieko, sezamový olej a opražené sezamové semienka spolu zmiešame. Nastrúhaný zázvor vyžmýkame a všetko pridáme k špenátu. Dochutíme soľou a korením.

Vákuované steaky z tuniaka varte v sous vide kúpeli 40 minút pri teplote 44 stupňov Celzia.

Keď je všetko pripravené, rozbaľte steaky z tuniaka, osušte a opečte 30 sekúnd z každej strany. Dochutíme soľou a korením.

53. Kačacie prsia à l'pomaranč

Ingrediencie na 2 porcie

- 2 Kačacie prsia bez kostí
- 1 oranžová
- 10 zrniek korenia
- 2 vetvy rozmarínu
- 20 g masla
- 20 g prepusteného masla
- 1 polievková lyžica. sójová omáčka
- 1 polievková lyžica. Biely vínny ocot
- 1 polievková lyžica. med
- 100 ml červeného vína

Maslo na vyprážanie

Soľ a korenie

Príprava

Celkový čas cca. 2 hodiny 45 minút

Kačacie prsia umyjeme, osušíme a povysávame s pomarančovými filetami, korením, rozmarínom a maslom. Vložte do zariadenia sous vide pri teplote 66 stupňov na 90 minút.

Potom vyberte z vrecka. Zozbierajte a uschovajte tekutinu a ostatný obsah. Odstráňte zrnká korenia. Kožu z kačacích pŕs vyrežte do tvaru kosoštvorca. Vyprážajte na boku šupky, kým nie je hnedá a chrumkavá. Kačacie prsia vyberte z panvice a držte ich v teple.

Do panvice dáme pomaranč, rozmarín a vývar z vrecka. Pridáme sójovú omáčku, biely vínny ocot, med a červené víno a necháme dusiť. V prípade potreby spojte studeným maslom. Soľ a korenie.

Spárujte so zemiakmi duchess a chrumkavou zeleninou.

54. Jahňacie sedlo s gratinovanými zemiakmi

Ingrediencie na 3 porcie

- 3 Jahňacie sedlo, uvoľnené (jahňacie lososové)
- 500 g zemiakov
- 3 Rozmarín
- 1 šálka smotany, cca. 200 g
- 3 čili
- 1 vajce
- Tymián
- ⅛ liter mlieka
- 3 prsty cesnaku
- Soľ a korenie
- Olivový olej

Príprava
Celkový čas cca. 1 hodina 15 minút

Najprv povysávajte každú jahňaciu mriežku 1 strúčikom cesnaku, 1 vetvičkou rozmarínu, trochou tymiánu a trochou olivového oleja. Varte približne 60 minút pri teplote 54 °C sous vide.

Medzitým si ošúpeme zemiaky, nakrájame ich na tenké plátky a uložíme do zapekacej misy.

Smotanu, mlieko a vajce vyšľaháme a dochutíme soľou a korením. Rád jem pikantné a pridal som 3 malé chilli papričky. Zemiaky zalejeme tekutinou, navrch rozložíme syr a formu vtlačíme do rúry na cca. 45 minút pri 200°C.

Hneď ako je mäso hotové, uvoľnite ho z vákua a opečte dookola.

Len podávajte.

55. R jahňacie mäso

Ingrediencie na 4 porcie

- 2 Jahňací regál (Jahňacia koruna)
- 8 Vetva tymianu
- 2 prsty cesnaku
- Olivový olej
- Soľ a korenie

Príprava

Vyberte jahňacie korunky z chladničky, opečte a nechajte zohriať na izbovú teplotu.

Potom vložte korunku do vákuového vrecka a ochuťte olivovým olejom, soľou, korením a pridajte 3 vetvičky tymiánu. Potom vysajte.

Ak nemáte vákuové zariadenie, môžete použiť aj nasledujúci trik: Naplňte

misku so studenou vodou. Mäso vložte do normálneho mraziaceho vrecka a držte ho pod vodou len tak ďaleko, aby sa do otvoru nedostala voda. Potom pod vodou utesnite sponou - hotovo.

Potom vákuovanú jahňacinu vložíme do vodného kúpeľa a necháme lúhovať asi 25 minút pri 58 stupňoch.

Vyberte jahňacinu z vrecka. Zvyšné vetvičky tymiánu a nahrubo nasekaný a prelisovaný cesnak podusíme na panvici s olivovým olejom. Potom pridajte na panvicu jahňacie mäso v jednom kuse a krátko opečte dookola, aby ste získali pražené arómy.

Potom podávajte.

ZÁVER

Naozaj sa oplatí investovať do tejto novodobej modernej metódy varenia pre každodenné domáce varenie? Podelím sa o dôvody, prečo si myslím, že sous vide je praktický nástroj na všetko od týždennej večere až po luxusnú večeru.

Aj keď sa táto technika môže zdať taká cudzia a chúlostivá — plastové vrecká? High-tech gadgety? Kto to všetko potrebuje v kuchyni? Prednosti sous vide, tak známe v reštauráciách, však môžu byť nesmierne nápomocné aj domácemu kuchárovi.

Sous vide poskytuje kontrolu v kuchyni až na úroveň, aby ste doručili to najjemnejšie a najchutnejšie jedlo, aké ste kedy mali. Vďaka tomu je veľmi jednoduché dosiahnuť výsledky v kvalite reštaurácie od okraja po okraj.

Najúžasnejším dôvodom je pre mňa jednoduchosť a flexibilita sous vide. Ak varíte pre rôzne preferencie jedla alebo alergie, varenie sous vide vám môže uľahčiť život. Môžete napríklad variť kuracie mäso marinované v množstve korenín, ako aj kuracie mäso len posypané soľou a korením súčasne, takže sa potešia rôzne kategórie ľudí!

www.ingramcontent.com/pod-product-compliance
Lightning Source LLC
Chambersburg PA
CBHW071125130526
44590CB00056B/1998